깊은 기도를
경험하라

김남준

생명의말씀사

김남준 현 안양대학교의 전신인 대한신학교 신학과를 야학으로 마치고, 총신대학교에서 목회학 석사와 신학 석사 학위를 받았으며, 신학 박사 과정에서 공부했다. 안양대학교와 현 백석대학교에서 전임 강사와 조교수를 지냈다. 1993년 **열린교회**(www.yullin.org)를 개척하여 담임하고 있으며, 현재 총신대학교 신학과 조교수로도 재직하고 있다. 저자는 영국 퓨리턴들의 설교와 목회 사역의 모본을 따르고자 노력해 왔으며, 아우구스티누스를 비롯한 보편교회의 신학과 칼빈, 오웬, 조나단 에드워즈와 17세기 개신교 정통주의 신학에 천착하면서 조국교회에 신학적 깊이가 있는 개혁교회 목회가 뿌리내리기를 갈망하며 섬기고 있다.

주요 저서로는 **1997년도 기독교 출판문화상**을 수상한 「예배의 감격에 빠져라」와 **2003년도 기독교 출판문화상**을 수상한 「거룩한 삶의 실천을 위한 마음지킴」, **2005년도 기독교 출판문화상**을 수상한 「죄와 은혜의 지배」, **2015년도 기독교 출판문화상**을 수상한 「가슴 시리도록 그립다, 가족」을 비롯하여 「깊이 읽는 주기도문」, 「인간과 잘 사는 것」, 「교회와 그리스도의 남은 고난」, 「신학공부, 나는 이렇게 해왔다 제1권」, 「기도 마스터」, 「내 인생의 목적, 하나님」, 「십자가를 경험하라」, 「그리스도인은 누구인가」, 「그리스도는 누구이신가」, 「은혜에서 미끄러질 때」, 「거기 계시며 응답하시는 하나님」 등 다수가 있다.

깊은 기도를 경험하라

ⓒ 생명의말씀사 1997, 1999, 2004, 2019

1997년 6월 10일 1판 1쇄 발행
1999년 7월 25일   13쇄 발행
1999년 11월 20일 2판 1쇄 발행
2003년 6월 25일   9쇄 발행
2004년 3월 25일 3판 1쇄 발행
2018년 6월 25일   13쇄 발행
2019년 12월 16일 4판 1쇄 발행

펴낸이 | 김재권
펴낸곳 | 생명의말씀사

등록 | 1962. 1. 10. No.300-1962-1
주소 | 서울시 종로구 경희궁1길 5-9(03176)
전화 | 02)738-6555(본사) · 02)3159-7979(영업)
팩스 | 02)739-3824(본사) · 080-022-8585(영업)

지은이 | 김남준

기획편집 | 태현주, 김정주
디자인 | 조현진, 윤보람
인쇄 | 영진문원
제본 | 정문바인텍

ISBN 978-89-04-16669-5 (04230)
ISBN 89-04-18050-3 (세트)

저작권자의 허락없이 이 책의 일부 또는 전체를
무단 복제, 전재, 발췌하면 저작권법에 의해 처벌을 받습니다.

깊은 기도를
경험하라

개정판에 부치며

세상을 이길 힘을 얻는 기도의 샘이 있습니까?

이 책이 세상에 나온 지 벌써 22년이 지났습니다. 1997년 6월 초판을 펴낸 이후, 현재에 이르기까지 35쇄를 찍었고 6만 독자가 이 책을 읽었습니다. 그간 두어 번 표지를 바꾼 적은 있지만, 내용은 손대지 않았습니다.

20년이 넘는 시간이 지나는 동안 세상도 변하고 교회도 많이 변했습니다. 그리고 이 글을 쓴 나도 변했습니다. 그러나 나는, 그렇기 때문에 이 책에 담긴 말씀이 지금 더 필요하다고 생각합니다.

하나님의 일을 위해서는 제도와 방법도 필요하지만, 그 모든 것은 은혜가 주도하여야 합니다. 그런데 거룩한 은혜는 언제나 사람에게 부어집니다. 하나님께서는 기도하는 사람에게 성령의 기름을 부어 주시고, 그 사람을 통해 역사 속에 당신의 뜻을 이루어 가십니다.

이제, 처음 이 책을 쓰던 때와는 다른 세상이 되었습니다. 이 시대는 그 어느 때보다도 물질주의적이고 감각주의적인 시대입니다. 아마도 앞으로 세상은 더욱 자기 중심적이고 소비 중심적으로 흘러갈 것입니다.

이런 시대를 살아가며 우리는 그동안 우리가 거의 잊고 있었던 사실을 다시 기억해야 합니다. 바로 하나님께서는 기도하는 사람에게 찾아오시고, 기도하는 사람을 통해 세상을 움직이신다는 사실입니다.

많은 믿음의 세대들이 기도의 샘에서 세상을 이길 새 힘을 받았습니다. 기도를 통하여 영적 생명과 사랑을 공급받고 하나님의 사람답게 살아갈 수 있었습니다.

저는 지금도 이 사실이 여전히 어디에선가 하나님을 찾는 사람들에게 빛을 주리라고 생각합니다.

개정판을 내며, 문장의 표현들을 요즘 추세에 맞게 바꾸는 것을 넘어 아예 전적으로 다시 쓰고 싶다는 생각을 하기도 했습니다. 지금의 독자들에게 다가갈 수 있는 화법으로 이 이야기를 다시 해 보고 싶었기 때문입니다.

그러나 서예가는 자기가 이미 쓴 글자를 고치기 위해 덧쓰는 법이 없고, 화가도 한번 그려서 전시된 그림을 수정하지 않습니다. 이미 오래전에 묻힐 수도 있었던 이 책을 지금까지 서점에서 만날 수 있는 것은 많은 독자들이 사랑해 주셨기 때문입니다. 그런 생각을 하다 보니, 꼭 필요한 부분만 고쳐서 이 책이 담고 있는 것을 가능한 한 그대로 지켜 전달하는 것이 좋겠다는 마음이 들었습니다.

그래서 잘못된 표현과 어색한 어구들만 일부 수정하고, 새로운 판본의 규격에 맞추기 위해 몇 개의 장에 몇 줄씩의 문장만 보태어 개정판을 펴내게 되었습니다.

앞으로 더 오랫동안 이 책이 사랑받아, 한국 교회의 그리스도인들을 열렬히 기도하는 삶으로 이끌어 가기를 소망합니다.

이 땅의 모든 그리스도인들이 깊은 기도 속에서 하나님의 나라가 세상에 이루어지도록 이바지하고 자신도 행복한 삶을 살아가게 되는 데에 이 책이 작은 도움이나마 될 수 있기를 기도하며…….

2019년 11월 26일
그리스도의 노예 **김남준**

책을 열며

기도의 뿌리는 삶이다

기도의 세계는 바다와 같습니다. 성경에 대한 지식은 우리로 하여금 진리에 대한 이해를 갖게 해주지만, 기도는 우리로 하여금 우리를 향한 하나님의 마음을 갖게 해줍니다. 우리가 아는 성경 지식이 단지 메마른 지식에 그치지 않게 하기 위해서는 기도 속에서 깨달은 진리가 경험되어야 합니다.

오늘날의 그리스도인들은 지식과 말은 무성해도 거룩한 삶이 없는 공허한 신앙 생활을 하고 있습니다. 그 이유는 박약한 기도 생활 때문입니다. 오늘날 대부분의 그리스도인들은 텔레비전이나 신문을 보는 시간만큼도 기도하지 않으면서 살아갑니다. 주일 낮 예배를 마치고 물밀듯이 교회당 밖으로 빠져나가는 교인들 가운데 그날 설교 제목을 기억하는 사람이 단 5퍼센트도 안 되고, 이튿날까지 설교 주제를 기억하는 사람이 단 3퍼센트도 안 된다는 보고는 우리를 우울하게 합니다. 이제 조국 교회는 하나님께서 우리에게 주시는 은혜의 방편을 모두 신뢰하지 않고 있는 것 같습니다.

하나님의 교회는 말과 잔재주를 익힌 사람들에 의해서가 아니라 거룩한 진리와 능력에 사로잡힌 사람들에 의해서 하나님의 나라를 확장하는 일에 기여해 왔습니다. 그리고 그 능력의 사람들은 한결같이 기도의 사람들이었습니다. 그들은 기도가 하나님의 나라를 앞당길 수 있다는 신념을 가진 사람들이었습니다.

오래전 하나님께서 저의 영혼을 만지고 지나가신 이후로 제 마음속에는 언제나 기도에 대한 사모함이 있었습니다. 환경과 시기에 따라 저 자신을 깊은 기도 속에 쏟아부을 때도 있었고, 다소 게으를 때도 있었지만 능력 있는 그리스도인의 삶의 원천이 기도에 있다는 신념과, 기도 속에서 항상 하나님과 대면하고 싶다는 갈망을 잃어버린 적은 없습니다.

지금도 제 소원은 유능한 설교자가 되는 것보다 능력 있는 기도의 사람이 되는 것입니다.

기도에 관하여 탐구할수록 더욱 새롭게 다가오는 진리가 있습니다. 그것은 단지 우리의 기도 생활만을 바꾸려고 해서는 기도라는 은혜의 방편에 약속된 풍성한 축복을 누릴 수가 없다는 것입니다. 기도의 뿌리는 삶입니다. 삶을 능가하는 기도도 없고 기도를 능가하는 삶도 없습니다. 좋은 기도자가 좋은 기도를 드릴 수 있고, 훌륭한 기도 생활을 통해서만 좋은 기도자가 만들어집니다.

여기에 적힌 이 글은 단지 기도 생활만을 회복해 보려고 힘쓰다가 실패를 맛본 평신도들이나, 교회를 뜨거운 기도로 부르짖는 교인들로 가득 차게 만들려고 애쓰다가 벽에 부딪힌 목회자들에게 새로운 통찰을 제공해 줄 것입니다.

진지한 성찰의 마음으로 이 책을 대하는 독자들이 기도의 새로운 세계를 경험하게 되기를 기원합니다.

이 책이 나오기까지 수고한 열린교회 녹취 헌신자 모임의 지체들에게 감사드립니다. 사랑하는 나의 자녀들은 진리의 가치를 알고 그 깨달음을 조국 교회의 성도들과 나누고 싶어하는 사모함 하나로 힘든 녹취 사역에 수고를 아끼지 아니하였습니다. 그리고 매주 토요일마다 나의 강단 사역을 위하여 열심히 기도하는 강단을 위한 기도 헌신자 모임의 지체들에게도 감사의 마음을 전합니다. 예배의 거룩한 의미를 알고 매주 기도로 섬기는 자녀들입니다.

끝으로 늘 나의 설교에 마음을 기울이는 열린교회 모든 성도들과 특별히 지난 겨울과 봄에 나의 바쁜 설교 여행 중에도 가정과 교회를 지키며 기도로 섬겨 준 아내에게 고마운 마음을 전합니다.

그리스도의 노예 김남준

목 차

개정판에 부치며 세상을 이길 힘을 얻는 기도의 샘이 있습니까?　4
책을 열며 기도의 뿌리는 삶이다　8

시작하는 글　주님 팔 꺾기?　21

기도를 잊은 그리스도인 | 싸우기를 포기한 교회 | 기도도 프로그램인가? | 기도보다 급한 것 | 성경에 귀를 기울이라 | 맺는 말

제1장　고독한 기도가 깊다　29

한 사람의 천재에게 눈을 돌려야 한다 | 너희와 함께 올라가지 아니하리니 | 이스라엘의 각성 | 하나님의 백성 된 표 | 모세의 영적 지도력 | 함께 기도함 | 거처에서 떨어진 회막 | 고독한 기도가 깊다 | 마음을 준비하라 | 고독을 회복하라 | 굴삭기를 버리고 호미로 일하는 인부 | 여호와를 앙모하는 자들 | 갈릴리 해변이 어디입니까? | 기도를 살아 있게 하는 것들 | 기도의 용사 | 거룩한 용기를 갖자 | 맺는 말

제2장 통성 기도는 부흥의 비결인가?   51

능력의 사람들 | 우리와 같은 사람들 | 걸출한 선지자들이지만 | 농경 사회와 우상 | 하나님 마음을 반영한 기도 | 무엇 때문에 간절한가? | 조국과 교회를 위하여 | 깨달아야 기도한다 | 간절한 기도로 | 기도를 통해서 사람을 바꾸심 | 일곱 번의 기도 | 밤새도록 우는 산 | 통성 기도는 부흥의 비결인가? | 영혼의 시선을 하나님께 | 기도의 영을 유지하려면 | 기도에 헌신된 사람 | 짧게 살아도 많이 사는 길 | 기도는 전쟁이다 | 의로운 삶의 능력 | 기도는 삶을 위하여 | 절박한 삶, 간절한 기도 | 안일한 삶에도 기도의 영이 깃들까? | 맺는 말

제3장 거룩함에 이르는 한 길   77

하나님과만 만날 수 있는 구별된 곳 | 홀로 서기 | 변화되심 | 기도하시는 예수님의 유일한 소원 | 그러나 변화되시다 | 기도의 거룩한 영향력 | 환경은 단지 수단일 뿐 | 참된 기도의 전수 | 기도로 산 사람들 | 맺는 말

제4장 짧은 기도에 큰 능력이 깃드는 비결   89

소경도 아는 영력 | 태양을 멎게 한 기도 | 이것이 기도인가? | 명령형의 기도 | 파격적인 상상 | 기도자의 불신앙 | 짧은 기도에 큰 능력이 깃드는 비결 | 섬기면서도 허한 사람들 | 온 삶으로 추구하라 | 정말, 하나님을 찾습니까? | 구슬에서 싹이 날까? | 어느 부목사의 불평 | 마음을 하나님께 고정하고 | 능력은 어디서 오나? | 지름길은 없다 | 의욕이 있고 간절해도 | 숙명적인 의무 | 기도를 통해 일하시는 하나님 | 하나님의 역사에 참여하는 특권 | 우리도 사모하는가? | 두려움과 오만함 | 맺는 말

제5장 누구를 위하여 기도 올리나?   115

예수의 영이 허락하지 아니하시는지라 | 순수한 마음의 불순종 | 주님의 마음을 분별하지 못한 불순종 | 겸비할 이유 | 죄를 버리라 | 십자가와 기도 | 두 가지의 불순종 | 최고의 가치는 하나님의 뜻 | 불순종의 길에서 돌이키라 | 마게도냐로 보내심 | 하나님의 마음에 집착하라 | 하나님께서 기뻐하시는 방향으로 | 맺는 말

제6장 간절히 기도하고 싶은데　　133

간절히 기도하고 싶어요 ǀ 전 존재적인 기도 ǀ 기도가 기도자를 만든다 ǀ 기도 응답의 새 조건 ǀ 나를 사랑하면 나의 계명을 지키리라 ǀ 무거운 부담 ǀ 하나님께 고정된 삶 ǀ 계명을 지키는 삶 ǀ 신비가 아니라 삶입니다 ǀ 나는 누구인가? ǀ 기뻐하시는 것을 행함이라 ǀ 삶에 성공한 사람들 ǀ 거래 이상의 관계 ǀ 마르지 않는 영력의 비결 ǀ 서로 사랑할 것이니라 ǀ 나뉠 수 없는 두 관계 ǀ 맺는 말

제7장 십자가의 정신으로 기도하라　　153

특별한 기도가 필요하다 ǀ 간절함에 능력이 깃든다 ǀ 힘을 다한 기도인가? ǀ 천사가 도와준 기도 ǀ 십자가의 정신으로 기도하라 ǀ 맺는 말

제8장 통곡과 눈물로 드리는 외로운 기도　　161

이상한 철야 기도 ǀ 우리의 대제사장 ǀ 그리스도의 가장 큰 일 ǀ 육체에 계실 때에 ǀ 우리 위해 오셨건만 ǀ 고난의 사랑 ǀ 예수님의 기도 ǀ 대제사장의 기도 ǀ 메마른 마음 ǀ 왜 통곡으로 기도하셨나? ǀ 우리의 죄악을 인해 ǀ 세상에 계셨기에 ǀ 전능하신 하나님 ǀ 기도 응답의 근거 ǀ 계명을 지키고 주님을 사랑하는 자에게 주신 약속 ǀ 새벽과 밤에 기도하신 이유 ǀ 경외하는 삶의 능력 ǀ 맺는 말

제9장 영적인 위기를 극복한 교회   185

교회의 영적 위기 | 역사로부터 배운다 | 성령 강림 이후로 | 나뉘는 마음 | 좋은 일도 잘못하면 | 정말 말씀을 제쳐 두었나? | 합당한 반성 | 우리는 어떠한가? | 힘써야 할 일 | 기도를 앞세우다 | 우리는 무엇을 하는가? | 교회를 건지시는 방법 | 성숙한 결단과 반응 | 맺는 말

제10장 경건과 기도   203

하나님과의 관계가 새로워진 교회 | 기도는 생명이다 | 기도의 능력은 어디서 오는가? | 권능의 의미 | 고치시는 하나님 | 경건의 비밀 | 경건은 두려움이다 | 위선자의 기도 | 능력 없는 기도의 특징 | 생활의 경건 | 눈물 씻어 주는 경건 | 불경건한 세상이기에 | 말의 경건 | 마음의 경건 | 맺는 말

제11장 회개와 기도   221

하나님이 믿어집니까? | 경험되어야 할 관계 | 성령을 구하는 이유 | 수가성의 여인과 만나심 | 목마르지 않는 물 | 유대인들의 생수 | 참을 수 없는 욕망 | 메마름에 익숙한 모습 | 능력보다 먼저 필요한 것 | 과거를 묻지 마십시오 | 능력을 앗아 가는 죄 | 죄의 문제에 직면하라 | 장대현교회를 휩쓴 성령의 불길 | 맺는 말

제12장 기도하기 힘들 때   239

기도에 관한 황금 같은 교훈 | 기도의 진지함 | 중언부언하지 말라 | 긴 시간 드리는 기도 | 오래 드리는 기도의 능력 | 기도로 사신 생애 | 어디서나 기도하심 | 환경에 흔들리지 않는 기도 | 힘 다해 섬기신 생애 | 기도하기 힘들 때 | 사랑과 믿음으로 | 주님의 도우심을 기대하라 | 감화력 있는 기도 | 실천하는 기도의 삶 | 능력을 유지하는 비결 | 기도의 바다에서 | 맺는 말

깊은 기도를 경험하라

기도에 있어서도 하나님께로부터 오지 않은 간절함이 있을 수 있다는 것을 기억해야 합니다. 하나님의 마음을 바로 읽지 못한 간절함은 신적인 간절함이 아닙니다. 하나님께서 감화를 주셔서 간절하게 만드신 그런 간절함이 아니라는 것입니다. 그러므로 단지 기도하지 않는 교회라는 상황 하나만을 바꾸고자 해서는 안 됩니다. 설교자의 변화 없이 설교의 변화가 불가능하듯, 기도하는 사람의 변화 없이 단지 기도하는 그리스도인들로 가득 찬 교회를 만들고자 하는 것은 영적인 탐심에 불과합니다.

시작하는 글

주님과
팔 꺾기?

기도를 잊은 그리스도인

어느 출판사에서 복음에 대해 잘못 이해하며 신앙 생활하고 있는 오늘날의 세태를 풍자한 그림책을 내놓은 적이 있습니다. 오늘날 그리스도인 사이에서 유행하고 있는 복음에 대한 뒤틀린 이해들을 그림으로 표현해서 무엇인가 메시지를 던져 주려고 기록된 책이었습니다.

그 그림책 가운데 한 페이지에는 이런 그림이 있었습니다. 한 열성적인 기독교 신자가 예수님을 눕혀 놓고 등 위에 올라탄 채로 그분의 팔을 꺾으며 열렬히 "믿씁니다.", "믿싸오니"를 연발하고 있었습니다.

오늘날 일반적인 그리스도인들은 거의 기도하지 않고 살아갑니다. 대부분의 그리스도인들은 자신이 어제 무엇을 기도했는지조차 잊고 살아갑니다. 그들은 텔레비전을 시청하거나 취미 생활을 하는 것보다 훨씬 적은 시간들을 기도하는 데 사용합니다. 이제 그리스도인들이 험한 세상을 이기며 살아가게 만들어 주는 거룩한 능력과 은혜의 방편들은 구시대의 유물로 취급되고 있습니다.

주일 낮 예배에 교회당에 모였던 사람 열 명 중 단 한두 명 정도를 주일 저녁 예배 시간에 다시 만납니다. 수요일 저녁에 하나님의 은혜를 사모하며 교회당에 나온다는 사실만으로도 매우 특별한 그리스도인으로 인정받는 상황이 되었습니다. 자기네 교회에서 사경회를 개최하여도 등록 교인 중 절반도 안 나오는 교회가 허다합니다. 그러나 이렇게 신앙적으로 냉담하고 하나님의 은혜를 구하는 일에 게으른 사람들이 세속적인 즐거움을 찾는 일에는 얼마나 열중하는지 보십시오.

하나님을 향하여 굳어진 마음을 가진 사람들은 세상을 향하여는 여린 마음이 되어 유혹과 더러운 죄악에 쉽게 집착하는 경향이 있습니다. 한마디로 교회와 그리스도인들이 직면하고 있는 이 같은 고통스러운 상황은 그리스도인들이 얼마나 세상을 사랑하고 있는지를 보여 줍니다.

싸우기를 포기한 교회

오늘날 약해져만 가는 그리스도인의 기도 생활은 이러한 영적 상황을 배경으로 하고 있습니다. 새벽 기도 시간을 포기하는 교회들이 점차 늘어나고 있고, 그나마 계속하고 있는 교회들도 정작 교회를 열심히 섬기는 젊은 그리스도인들은 기도하기 위하여 모이지 않고 있습니다.

이러한 신앙적인 냉담함을 해결하기 위해 단지 예배 시간에 유희적인 요소나 도입하고, 프로그램이나 다양하게 하여 교인들의 사교적인 욕구나 채워 주려고 애쓰는 동안에 세상에서는 불신앙과 도덕적인 타락의 풍조가 더욱 맹렬한 불길이 되어 타오르고 있습니다.

교회는 이미 세상이라는 거대한 전쟁터에서 하나님의 나라와 의를 위한 전투를 포기한 것 같습니다. 매일 같은 시간에 똑같은 사람들이 변함없는 순서로 모이면서 비대해져 가는 교회, 넉넉해진 재정 형편에 만족하면서 안주하고 있는 교회의 안일함은 치열한 전투 사령탑에서 전황을 뒤로 한 채 휴가를 즐기고 있는 무책임한 지휘관들의 모습과 흡사합니다.

기도도 프로그램인가?

모든 일이 잘돼 간다고 말하지만, 영혼을 가진 인간들이기에 안락함 속에서도 한없는 영혼의 목마름을 느끼는 사람들이 있습니다. 그리고 그들은 어찌하든지 복음이 말하는 영적 삶의 원천을 회복하고자 합니다. 그리고 교회는 이러한 교인들의 필요에 따라서 기도를 열심히 하는 교회로 만들어 보려고 합니다.

항간에 유행하고 있는 여러 가지 기도를 위한 행사 프로그램이나, 쏟아져 나오는 기도의 성공 수기 같은 것들이 그렇습니다. 확실히 교회에 간절히 기도하려는 그리스도인들이 넘치는 것은 좋은 일입니다.

그러나 다른 모든 신앙의 방편들이 그러하듯이, 교회가 단지 교인들로 하여금 기도를 열심히 하게 만들려고 할 때 예기치 않은 어려움과 한계를 만날 수 있습니다. 우리 가운데는, 간절히 기도하면 할수록 오히려 하나님의 일을 방해할 것만 같은 사람들을 발견할 때가 있습니다.

기도보다 급한 것

그들에게 있어서는 기도를 간절하게 드렸다는 사실 자체가 자기의(自己義)가 되고 있습니다. 우리는 기도에 있어서 간절함의 가치를 하찮게 여길 수 없습니다. 성경은 여러 곳에서 간절함이 없는 기도의 헛됨에 대하여 경고하고 있기 때문입니다. 그러나 마치 간절히 기도하기만 하면 하나님을 항복시킬 수 있을 것처럼 생각하는 풍조는 어리석기 그지없는 생각입니다.

기도에 있어서도 하나님께로부터 오지 않은 간절함이 있을 수 있다는 것을 기억해야 합니다. 그러나 이것보다도 더 시급한 것은, 하나님의 마음을 바로 읽지 못한 간절함은 신적인 간절함이 아니라는 것입니다. 다시 말해 하나님께서 감화를 주셔서 간절하게 만드신 간절함이 아니라는 것입니다.

오늘날과 같이 냉담하고 무감각한 기도 생활이 팽배하고 있는 시대에는 간절히 기도한다는 사실 자체가 대단한 것으로 여겨질지 모릅니다. 오늘날 새벽 기도나 철야 기도를 생각해 보십시오. 대부분의 교회에서 이 두 기도회는 이미 사양길로 접어들었습니다. 남아 있다고 하더라도 간신히 형식과 명맥만을 유지하는 교회가 대부분입니다.

성경에 귀를 기울이라

우리네 조상들이 장독대 앞에 정화수를 떠놓고 자식들의 평안을 빌던 우상 숭배의 정성에도 미치지 못하는 습관적인 새벽 기도나, 초상난 집에서 밤새우는 것과 같은 분위기의 형식적인 철야 기도회가 유행하고 있는 시대에는 간절히 기도하는 것 자체도 대단한 것처럼 받아들여질 수 있습니다.

그러나 뒤틀린 신앙을 회복하는 모든 수순이 그러하듯이, 단지 기도하지 않는 교회라는 상황 하나만을 바꾸고자 해서는 안 됩니다. 설교자의 변화 없이 설교의 변화가 불가능하듯, 기도하는 사람의 변화 없이 단지 기도하는 그리스도인들로 가득 찬 교회를 만들고자 하는 것은 영적인 탐심에 불과합니다.

더욱이 그러한 움직임들을 목회의 한 프로그램 정도로 도입해 보려는 시도는 위험하기조차 합니다. 기도하는 모든 사람들이 하나님 나라의 건설에 유익한 사람들이 되는 것은 아닙니다.

이 모든 현실과 염려에 대한 대답은 한 사람의 사상이나 교회 성장을 목표로 하는 이데올로기에 있는 것이 아닙니다. 곤경에 처한 교회의 유일한 희망은 하나님의 말씀인 성경의 답변에 귀를 기울이는 것입니다. 그리고 이 책은 그러한 저의 신앙적이고 신학적인 탐구에 대해 성경으로부터 발견한 답변입니다.

맺는 말

이 글을 쓰는 시간에도 제 마음은 간절한 소원에 불타고 있습니다. 그 소원은 교회가 거룩한 복음의 능력을 회복하고 살아 있는 기도의 영으로 전능하신 주님께서 위탁하신 왕국에의 소명을 이루어 가는 것입니다.

한 사람의 삶을 하나님의 영광 가운데로 이끄시는 하나님의 방법은 인생의 굽이마다 간절한 기도의 제목을 만나게 하는 것입니다. 또한 세계와 교회의 역사 역시 시대와 상황마다 이 사람에게는 이 마음을 주시고 저 사람에게는 저 마음을 주셔서 기도하게 하심으로써 직조해 가십니다.

허울뿐인 복음주의가 아니라 교회와 세상을 변화시키는 복음의 장엄한 능력을 경험한 그리스도인들로 가득 찬 교회, 잃어버린 세상을 향해 불붙는 하나님의 마음을 아는 그리스도인들, 하나님의 거룩한 이름이 온 땅 위에 높이 들려질 수 있다면 세상이나 세상에 있는 것들을 기꺼이 버릴 수 있는 마음을 가진 그리스도인들 위에 부어지는 거룩한 기도의 영으로 사실상 항복과 다름없는 소강 상태에 들어간 영적 전쟁터에서 다시 한 번 악한 세력들의 괴멸을 예고하는 최후의 통첩을 보낼 수 있는 조국 교회가 되기를 기대합니다.

이 세상, 단 한 치의 땅이라도 주님의 것이 아닌 것은 없기 때문입니다.

기도의 사람들은 하나님과 대면하기를 사모하던 사람들이었습니다. 그리고 번잡하고 바쁜 일과 속에서 영적으로 깨어 있기 위해 더욱 고독한 시간을 그리워한 사람들이었습니다. 이스라엘 백성들을 위하여 기도의 처소를 마련하는 모세를 보십시오. 그는 기도가 무엇인지를 아는 사람이었습니다. 그 자신이 기도로 사는 생애의 증인이었기 때문입니다. 세상과 결별하지 못하고 하나님 앞에 홀로 대면하는 고독한 시간을 잃어버리는 것은 일의 성공과 육신의 즐거움을 얻는 대가로 하나님을 잃어버리는 것입니다.

제1장

고독한 기도가 깊다

"이스라엘 자손이 호렙산에서부터
그들의 장신구를 떼어 내니라
모세가 항상 장막을 취하여 진 밖에 쳐서
진과 멀리 떠나게 하고 회막이라 이름하니
여호와를 앙모하는 자는
다 진 바깥 회막으로 나아가며"

출 33:6-7

한 사람의 천재에게 눈을 돌려야 한다

"성공하려면 수많은 평범한 사람들에게 눈을 돌리지 말고 한 사람의 천재에게 눈을 돌려야 한다." 어느 재벌 총수가 한 이야기입니다. 수많은 평범한 사람들은 기껏해야 제 밥벌이나 하지만, 천재적인 발명가, 사업가, 전문가는 수십만 명을 먹고 살 수 있게 해준다는 것입니다.

신앙의 세계에서도 이와 유사한 공식이 통합니다.

하나님께서 모든 사람들을 사랑하시지만, 특별히 준비된 뛰어난 한 사람을 통하여 잠들어 있는 교회에 영적인 회복을 주시기도 하고, 어두운 역사를 깨우시기도 합니다.

하나님과 탁월한 영적 관계를 맺고, 그 가운데서 하나님의 마음을 움직일 수 있는 위대한 기도의 세계를 가진 한두 사람 때문에 역사가 움직입니다. 왜냐하면 하나님께서는 기도하는 사람들을 통하여 일하시기를 즐겨 하시기 때문입니다.

애굽을 떠난 이스라엘 백성들이 홍해를 지나서 광야로 들어서기 전에 제일 먼저 도착한 곳은 시나이 반도였습니다. 그 시나이 반도에 시내산이 있습니다. 거기서 이스라엘 백성들은 광야로 들어가기 전 약 열한 달 동안 머물렀습니다. 그들은 오랜 애굽 생활로 몸에 밴 불경건한 습속과 불신앙의 잔재들을 털어 버리고 하나님의 백성으로서의 믿음과 삶을 위한 율법을 수여받게 됩니다.

너희와 함께 올라가지 아니하리니

오늘 본문은 모세가 계명을 받기 위해 시내산에서 지내는 동안, 이스라엘 사람들은 우상을 만들게 된 때의 일을 배경으로 하고 있습니다.

이스라엘 백성들이 우상을 만들어서 범죄하는 것을 보고 하나님께서는 그들을 진멸하고자 하셨습니다. "여호와께서 또 모세에게 이르시되 내가 이 백성을 보니 목이 뻣뻣한 백성이로다 그런즉 내가 하는 대로 두라 내가 그들에게 진노하여 그들을 진멸하고 너를 큰 나라가 되게 하리라"(출 32:9-10).

그때 모세는 생애를 바친 중보의 탄원을 하나님께 드립니다. 생명책에 기록된 자신의 이름을 걸고 이스라엘 백성들을 용서해 주시기를 간구하면서 매달립니다. "모세가 여호와께로 다시 나아가 여짜오되 슬프도소이다 이 백성이 자기들을 위하여 금신을 만들었사오니 큰 죄를 범하였나이다 그러나 이제 그들의 죄를 사하시옵소서 그렇지 아니하시오면 원하건대 주께서 기록하신 책에서 내 이름을 지워 버려 주옵소서"(출 32:31-32).

하나님께서 그의 기도를 들으시고 진노를 진정하신 후 다시 이스라엘 백성들을 향한 자신의 뜻을 보이셨습니다. 모세가 자기의 영생을 걸고 하나님 앞에 매달려서 기도하자, 비록 하나님께서 완전히 용서하신 것은 아니지만 일단 그 진노를 푸시고 이스라엘 백성들에 대해서 모세에게 말씀하십니다. "이제 가서 내가 네게 말한 곳으로 백성을 인도하라 내 사자가 네 앞서 가리라 그러나 내가 보응할 날에는 그들의 죄를 보응하리라"(출 32:34).

그러나 하나님께서 이어서 하신 말씀이 이스라엘 백성들에게 커다란 충격을 불러일으켰습니다. "여호와께서 모세에게 이르시되 너는 네가 애굽 땅에서 인도하여 낸 백성과 함께 여기를 떠나서 내가 아브라함과 이삭과 야곱에게 맹세하여 네 자손에게 주기로 한 그 땅으로 올라가라 내가 사자를 너보다 앞서 보내어 가나안 사람과 아모리 사람과 헷 사람과 브리스 사람과 히위 사람과 여부스 사람을 쫓아내고 너희를 젖과 꿀이 흐르는 땅에 이르게 하려니와 나는 너희와 함께 올라가지 아니하리니 너희는 목이 곧은 백성인즉 내가 길에서 너희를 진멸할까 염려함이니라 하시니 백성이 이 준엄한 말씀을 듣고 슬퍼하여 한 사람도 자기의 몸을 단장하지 아니하니"(출 33:1-4).

이스라엘의 각성

이 같은 하나님의 말씀을 들은 이스라엘 백성들이 비로소 제정신이 돌아왔습니다. 그들이 하나님께 불순종하고 믿음을 버렸을 때 늘 하던 반문을 기억하십니까? "우리를 애굽에서 인도하여 낸 사람 모세는 어디로 갔는가?"

하나님께서는 이스라엘 백성들에게 "내가 너희를 인도해 냈다."라고 말씀하셨지만, 이스라엘 백성들은 자기들을 인도한 이가 모세라는 사람이라고 생각하고 있었습니다. 영적으로 어두워지니까, 어려움을 당할 때에 하나님을 기억한 것이 아니라 사람이 시야에 들어왔던 것입니다. 그들이 우상을 만들게 된 것도 사실은 이와 같은 상황에서 발생한 일입니다.

하나님께서는 그들에게 약속대로 가나안을 주겠다고 말씀하셨습니다. 육신적인 시각에서 보면 이제 이스라엘은 자신들에게 필요한 모든 것들을 성취할 수 있게 된 것입니다. 자신들이 어떻게 범죄하였든지 간에 어쨌든 자기들은 이제 젖과 꿀이 흐르는 가나안 땅에 가서 기업을 얻게 되었다는 이야기가 아닙니까?

그럼에도 불구하고 그들은 깊은 슬픔에 잠겼습니다. "백성이 이 준엄한 말씀을 듣고 슬퍼하여 한 사람도 자기의 몸을 단장하지 아니하니"(출 33:4). 히브리어 원문을 보면 이 구절에서 '준엄한 말씀'이라는 말이 '재앙의 말씀'(הַדָּבָר הָרָע)이라고 되어 있습니다.

무엇 때문입니까? 왜 그 축복의 약속이 그들에게 재앙의 말이 되었습니까? 그들이 무엇을 주목한 것입니까?

"나는 너희와 함께 올라가지 아니하리니." 바로 이것이 이스라엘 백성들에게 재앙의 말씀으로 다가왔습니다. 그들이 영적으로 각성하고 하나님을 향한 믿음의 태도가 바뀌게 되자 이런 놀라운 영적인 분별력들이 생겼던 것입니다. 이스라엘 백성들이 평소 같으면 그렇게 사랑하였을 단장품들을 모두 제해 버리고 슬픔에 잠기게 되었습니다. 가나안을 손에 넣어도 하나님께서 자신들과 함께하시지 아니하면 자신들의 행복이 아무것도 아니라는 사실에 눈뜨게 되었던 것입니다.

하나님의 백성 된 표

하나님의 백성들이 하나님께 선택된 무리임을 입증하는 가장 중요한 증표는 세상의 번영이나 소유물이 아닙니다. 그들이 과연 하나님께서 동행해 주심을 누리고 있는가, 그들 가운데 하나님이 계시는가 하는 것이 하나님의 백성으로서의 유일한 표입니다. 하나님께서는 모세와 그의 백성들에게 이렇게 말씀하고 계시는 것입니다.

"가나안으로 올라가라. 나는 너희들에게 약속한 바를 다 이루어 주겠다. 가나안도 갖고 원주민도 쫓아내고 젖과 꿀이 흐르는 그 땅에서 실컷 먹고 잘 살아라. 그러나 나는 너희와 함께하지 않을 것이다. 이제 너희와의 관계는 끝이다. 자, 올라가거라."

이런 상황에서 이스라엘 백성들은 신앙적인 긴장을 느끼게 되었습니다. 이스라엘 백성들의 죄를 용서하신다는 결정적인 화해의 선언은 없었습니다. 결심을 굳히신 것처럼 보이는 하나님의 냉담한 선언 앞에서 그들은 혼란에 빠졌을 것입니다.

"과연 이처럼 진노하신 하나님의 마음을 돌이킬 수 있을까? 아니면 이것으로써 하나님과의 관계에 대한 심판을 운명처럼 받아들이며 가나안으로 올라가야 하는가?"

이 두 갈림길에서 이스라엘 백성들은 우왕좌왕하고 있었습니다.

모세의 영적 지도력

이 같은 위기 상황에서 모세가 제일 먼저 한 일이 있습니다. 그것은 장막을 취하여, 이스라엘 백성들이 기거하는 저 바깥 한적한 곳에 텐트를 치는 것이었습니다. 그리고 가르쳐서 말하기를 '회막'이라고 하였습니다. 하나님과의 만남이 이루어지는 회막을 설치한 것입니다.

이어서 모세는 다음과 같이 제의하였을 것입니다. "누구든지 여호와를 앙모하는 자는 저 회막으로 나아가서 기도하자."라고 말입니다. 그래서 백성 중 어떤 사람들은 회막으로 나아가기 시작했습니다.

하나님의 은총이 곧 떠나 버릴 것 같은 영적 위기 상황에서 이스라엘 백성들의 지도자였던 모세가 한 일은 이처럼 자기의 백성들로 하여금 기도하게 하는 것이었습니다.

보십시오. 이스라엘 백성들은 거의 300만 명에 가까운 엄청난 인구의 대집단이었습니다. 본문에 회막을 만들어 놓았다고 하였는데, 히브리어 원문에는 그 회막(會幕, אֹהֶל מוֹעֵד)에서 '막'(幕, אֹהֶל)이 단수로 나옵니다. 모세는 단지 하나의 회막을 만들어 놓았던 것입니다.

이것은 이스라엘의 모든 백성들이 거기에 나와서 기도하지 않았다는 사실을 보여 주는 것입니다. 모세도 그 같은 일을 기대하지 않으면서 이스라엘 진과 떨어진 곳에 단 하나의 회막을 세웠습니다.

그리고 오늘 성경은 이렇게 말합니다. "……회막이라 이름하니 여호와를 앙모하는 자는 다 진 바깥 회막으로 나아가며"(출 33:7).

여호와를 경외하는 자, 곧 하나님을 앙망하는 자들만이 그 진 바깥으로 나아갔습니다. 그 회막에서 하나님 앞에 간절히 기도하였습니다. 그들은 거기로 나아가서 자신들의 죄와 불순종으로 말미암아 깨어진 하나님과의 관계의 참다운 치유와 영적 회복을 위하여 기도하였습니다.

그리고 이 같은 판단은 모세의 영적 지도력의 깊이를 보여 주는 것이었습니다.

함께 기도함

여러분은 모세의 이러한 행동을 이상하다고 생각하지 않습니까? 하나님께서 이스라엘 백성들을 다 쓸어버리겠다고 말씀하셨지만 그 진노를 일단 거두신 것이 누구 때문이었습니까? 하나님께서 이스라엘 백성들에게 가나안을 주겠노라고 다시 말씀하시리만치 그 마음을 돌리신 것도 누구 때문이었습니까? 이 모두 모세 한 사람의 기도를 기억하신 때문이었습니다.

그는 물론 기도했습니다. 그러나 모세는 이렇게 깨어진 이스라엘과 하나님과의 관계를 자기의 기도만으로 해결하고자 하지 않았습니다. 모든 백성들이 기도할 수 있도록 그 환경을 열어 주었습니다. 그는 기도하기 원하는 이들을 위하여 회막을 세워 주었습니다. 이제껏 이스라엘 백성을 앞서 이끌며 인도하여 나가던 모세가 갑자기 뒤로 가면서 이스라엘 백성들의 등을 밀어 기도하게 하고 있습니다.

그들은 기도해야 했습니다. 하나님의 백성들의 공동체에 대한 하나님의 진노에 대하여 생각해야 했습니다. 이것이 바로 영적 각성이 가져다준 결과였습니다. 영적 각성은 평상시에는 보지 못하던 하나님과의 관계를 새롭게 깨닫게 되는 것입니다. 개인적으로든 공동체적으로든 영적 각성은 반드시 그들로 하여금 기도하게 합니다. 기도로 이어지지 않는 영적 각성은 진정한 의미의 각성이 아닙니다.

중보 기도는 중보의 대상이 되는 사람이 하나님을 향해 놀라운 은혜를 받을 만한 관계를 유지할 때 더 큰 추진력을 발휘합니다.

모세는 자기가 하나님 앞에 나아가서 전심으로 기도할 뿐만 아니라 이 백성들이 기도하면서 자신을 돌아보고 자기의 죄로 말미암아 깨진 하나님과의 관계를 치유하는 데 스스로를 헌신하게 하였습니다.

모든 사람들이 기도하지는 않았습니다. 하나님을 앙망하는 백성들이 이 회막에서 기도했고 하나님의 응답은 모세를 통하여 왔습니다. 그리고 다시 모세와 대면하셨고 이스라엘 백성들과 함께하시겠다는 표증을 주셨습니다.

거처에서 떨어진 회막

오늘 우리의 첫 번째 관심은 회막이 위치하게 된 장소입니다. "모세가 항상 장막을 취하여 진 밖에 쳐서 진과 멀리 떠나게 하고 회막이라 이름하니 여호와를 앙모하는 자는 다 진 바깥 회막으로 나아가며"(출 33:7).

모세는 이러한 위기 앞에서 진심으로 하나님을 앙망하는 마음을 가진 사람들이 기도할 수 있도록 진 밖 멀리 떨어진 곳에 회막을 정하였습니다. 무엇 때문입니까?

여기서 일컫는 '진'(陣)은 이스라엘 백성들의 주거 지역이었습니다. 그들은 비록 하나님께로부터 엄중한 경고를 받았지만 모든 사람들이 전심으로 하나님을 찾고 매달린 것은 아닙니다. 지금도 그렇습니다. 대부분의 그리스도인들은 교회의 영적 상태나 자신의 신앙의 태도를 향한 하나님의 마음보다는 자신들의 일상적인 일들에 관심이 쏠려 있습니다.

오늘날과 같이 교회가 세속적인 그리스도인들로 붐비는 시대에는 더욱 그러합니다. 영적인 일이나 위엣 것을 찾는 일에는 냉담한 사람들이 육신의 안목을 쫓고 세상의 환심을 사는 일에는 열렬한 법입니다.

하나님께서 이스라엘 백성들에게 경고하신 위기 상황이지만 이 진중에는, 요즘으로 말하자면, 여전히 저녁이면 텔레비전을 켜 놓고 연속극을 즐기는 사람들이 있었습니다. 한가롭게 잠자리에 누워 일찌감치 잠을 청하는 사람도 있고 친구들과 노닥거리며 한담하는 사람도 있고 인간 세상 속에서 일어날 수 있는 대부분의 일들이 이 진 속에서 일어나고 있었습니다.

그곳도 하나님을 믿는 백성들이 살고 있는 곳이었지만, 지금과 같은 위기 상황에 어울리는 신앙적인 긴장 같은 것이 없었습니다. 결론적으로 그곳은 기도에 몰두하기에 적합하지 않았습니다.

모세는 그 회막을 진 바깥, 그것도 멀리 떨어진 곳에 위치하게 하였습니다. 하나님과 만나기 위해서는 조용한 시간, 일상의 번잡함으로부터 구별된 장소, 하나님과 대면할 수 있는 고독이 보장된 처소가 필요하였던 것입니다. 하나님만 바라보고 그분으로부터 오는 응답의 음성을 듣기 위한 장소가 필요하였던 것입니다.

고독한 기도가 깊다

오늘 이스라엘 백성들을 위하여 기도의 처소를 마련하는 모세를 보십시오. 그는 기도가 무엇인지를 아는 사람이었습니다. 그 자신이 기도로 사는 생애의 증인이었기 때문입니다.

세상과 결별하지 못하고 하나님 앞에 홀로 대면하는 고독한 시간을 잃어버리는 것은 일의 성공과 육신의 즐거움을 얻는 대가로 하나님을 잃어버리는 것입니다. 기도의 사람들은 하나님과 대면하기를 사모하던 사람들이었습니다. 그리고 번잡하고 바쁜 일과 속에서 영적으로 깨어 있기 위하여 더욱 고독한 시간을 그리워한 사람들이었습니다.

교회사 속에서 영적으로 뛰어난 인물들이 거의 예외 없이 자연과 매우 친하게 지냈던 사람들인 것도 이러한 사실과 무관하지 않습니다. 그들은 사람들 속에 묻혀 있을 때보다 자연 속에 있을 때 더욱 하나님과 홀로 대면하는 일에 도움을 받을 수 있다는 사실을 간파하였던 것입니다.

기도의 영을 소유하고 하나님을 추구하는 마음이 있었기 때문에 그들은 자연 속에서 고독한 시간을 마련하며 하나님과 만나기를 고대하였습니다. 그들의 마음이 하나님을 찾고 있었기 때문입니다. 그러한 마음을 갖지 못한 사람들이라면 기껏해야 삼겹살이나 구워 먹고 싶어하였을 그 숲속에서, 그 해변에서 그들은 기도할 수 있었습니다.

예수님께서 기도하시던 곳이 어디였는지 생각하여 보십시오. 그분은 어디서든 기도하셨습니다. 많은 사람들이 모인 거리에서도 기도하셨고, 문상객들이 운집한 무덤 앞에서도 기도하셨습니다. 병자들 앞에서도 기도하셨습니다.

그러나 이렇게 늘 기도하는 생활 이면에는 구별된 시간과 장소 속에서 고독한 시간을 가지며 아버지와 교제하시던 집중된 기도의 시간이 있었습니다. 예수님께서는 그렇게 집중된 기도를 위하여 언제나 홀로 계실 수 있는 한적한 장소를 택하셨습니다.

마음을 준비하라

기도는 마음으로 이루어지는 사역이며 섬김입니다. 언제나 세상이나 세상에 있는 것들에 의하여 점령당한 마음의 상태로 하나님을 언제든지 원하는 때에 간절히 찾는 기도의 세계 속으로 들어간다는 것은 거의 불가능합니다.

하나님과 교제하는 통로는 기도이지만, 그 근원이 되는 샘은 마음입니다. 그 샘이 맑고 깨끗한 물을 풍부하게 쏟아 낸다면, 그것은 반드시 기도의 통로를 넓게 할 것입니다. 마음이라는 샘에서 솟아나는 물이 더럽고 그

양도 풍부하지 못다면, 기도라는 통로는 오물로 가득 찬 하수관과 같이 되어 버리고 말 것입니다.

우리는 죄악 된 세상에서 도무지 거룩함이라고는 찾아보기 어려운 환경에 길들여져 살아가는 존재들입니다. 하나님과 대면하는 외로운 환경의 도움 없이 마음의 정결함을 회복할 수는 없습니다.

우리는 깊은 기도로 들어가기 전에 일반적으로 먼저 자신의 마음과의 치열한 싸움이 있다는 사실을 경험합니다. 우리의 더러운 마음을 정결하게 하기 위해서는 오래도록 전투를 치러야 합니다. 맹렬하고 처절한 전투 끝에 그것을 정복할 때 우리는 거룩한 빛이 있는 기도의 세계로 들어가게 됩니다. 거기에서는 결코 기도가 고통스러운 의무일 수 없습니다. 자신의 마음을 정복하는 것은 그 마음에 하나님의 은혜가 주둔하게 하는 준비입니다. 자신의 마음을 정복할 때 비로소 우리는 하나님께 정복당한 삶을 살아갈 수 있습니다.

기도하는 자에게 미치는 하나님의 은혜는 마음을 통하여 흐릅니다. 그러므로 마음의 준비가 곧 영력 있는 기도의 조건이며, 마음이 은혜에 정복되는 것이 곧 축복받는 인생의 조건입니다.

그리고 그러한 축복을 위하여 우리는 복잡하고 일상적인 생활로부터 잠시 벗어나야 할 필요가 있습니다. 기도의 사람은 고독한 벌판에서 만들어집니다.

고독을 회복하라

오늘날 조국 교회 그리스도인들의 삶 속에는 회복되어야 할 것이 있습니다. 그것은 바로 거룩한 고독입니다. 일상의 번잡함이 침범할 수 없는 거룩한 외로움 속에서 하나님만을 응시할 수 있는 시간이 필요하다는 것입니다.

거룩한 기도의 영은 방법을 찾아다니기에 바쁜 그리스도인들에게 임하지 아니하고 자신과 교회를 도우실 분이 오직 하나님밖에 없으시다는 절박한 마음으로 그분을 응시하는 고정된 마음에 부어지는 것입니다.

하나님께서는 일을 위하여 우리를 부르신 것이 아니라 관계를 위하여 부르셨습니다. 그리고 그 하나님과의 관계는 기도와 말씀을 통하여 가장 잘 경험됩니다. 평소에 하나님과 홀로 대면하는 고독한 시간을 가지고 살아가는 사람들은 하나님의 말씀을 들을 때 단지 하나님의 말씀만을 듣는 것이 아니라, 그렇게 말씀하시는 하나님의 마음을 전수받습니다.

그러나 오늘날 우리의 삶을 돌아보십시오.

대부분의 그리스도인들은 일간 신문이나 잡지를 읽는 것만큼도 하나님의 말씀을 읽지 않습니다. 자신의 육신을 위하여 즐기는 일에는 시간을 바쳐도 기도를 위하여는 거의 자신을 드리지 못하고 있습니다.

그들의 특징은 도무지 홀로 있지 못한다는 것입니다. 조용히 하나님만을 대면하고자 하는 마음의 필요를 못 느끼기 때문입니다. 하나님 안에 있는 교제의 달콤함과 기도의 아름다움을 알지 못합니다. 그들에게 있어서 기도는 단지 고통스러운 의무일 뿐입니다. 그래서 더욱 일상의 번잡함으로부터 스스로 해방되지 않으려고 합니다.

굴삭기를 버리고 호미로 일하는 인부

묘목과 같아 보이는 그리스도인들은 많아도 거목과 같아 보이는 그리스도인은 눈에 띄지 않습니다. 설교자는 많아도 방금 하나님의 존전 앞에서 보내심을 받은 것 같은 거룩함의 흔적이 설교 속에 깃들어 있는 증거자는 찾아보기 어렵습니다. 전도자는 있어도 불타는 마음을 가진 전도자는 흔치 않습니다.

교회는 많은 봉사와 세밀한 계획을 세우는 일에 몰두하지만 세상을 향하여 충천하는 능력과 영적인 승리를 가져오지 못하고 있습니다. 그리스도인들은 많이 생겨나지만 그들 중 대부분의 사람들은 이 땅에 거룩한 하나님의 나라가 오게 하는 데 거의 기여하지 못하는 사람들입니다. 이것은 바로 기도의 영을 잃어버린 오늘날 교회의 상태를 보여 주는 것입니다.

만약 오늘날의 조국 교회가 방법에 대하여 궁리하는 것만큼 하나님을 묵상하고, 사람들을 설득하려고 애를 쓰는 것같이 하나님 앞에서 기도하기를 힘쓴다면 더욱더 커다란 복음의 승리를 경험하게 될 것입니다. 우리는 마치 굴삭기를 버리고 호미로 일하려는 공사장의 인부처럼 되어 버렸습니다.

하나님께서 스스로 일하시도록 간구하여 하나님을 감동시킴으로 위대한 일을 보리라는 결심을 포기하고, 스스로의 힘으로 계속되는 복음 전도의 실패나 패배를 숙명처럼 받아들이는 데 익숙해져 있지 않습니까? 이 모든 상황이 바로 우리를 회막으로 부르고 있는 것입니다.

여호와를 앙모하는 자들

그 다음의 보도가 또 한 번 우리의 시선을 끕니다. "……회막이라 이름하니 여호와를 앙모하는 자는 다 진 바깥 회막으로 나아가며"(출 33:7).

이스라엘 백성들이 가나안으로 다시 올라가도록 일단 허락은 받았지만 하나님께서 친히 동행하지 않으시겠다고 하는 상황을 위기라고 받아들인 것은 몇 사람의 지도자들이 아니었습니다.

모든 이스라엘 백성들이 이 같은 상황을 위기라고 생각했고, 그래서 단장품도 제하고 하나님의 은혜를 기다리고 있었습니다. 그러나 이런 팽팽한 영적 긴장이 감돌고 있는 위기 상황 속에서 진에 가만 앉아서 하나님의 처분만을 기다릴 수 없는 소수의 사람들이 있었습니다.

그들은 마음을 다해 기도하기 위하여 회막으로 나아간 사람들이었고, 그들의 신앙적인 정체는 '여호와를 앙모하는 자들'이었습니다. 히브리어 원문에서 '앙모하는 자'(כָּל־מְבַקֵּשׁ)는 원의상 '(간절히) 찾는 자', '(반복해서) 추구하는 자'입니다.

결국 우리는 여기서 기도와 관련된 매우 중요한 진리의 진수를 발견하게 됩니다. 기도는 하나님을 추구하는 마음속에서 이루어지는 섬김이라는 사실입니다. 더 분명히 말해서 기도하게 하는 마음은 하나님을 찾는 마음에서 비롯되는 것이라는 말입니다. 그러므로 교회가 거의 기도하지 않는 것은 하나님을 즐거워하지 않기 때문이라는 결론에 도달하게 됩니다.

따라서 한 교회가 기도의 영을 유지하고 있느냐 하는 것은 곧 그 교회 속의 그리스도인들이 하나님을 진심으로 사랑하느냐 하는 문제와 직결됩니다. 그리고 그렇게 하나님을 사랑하는 그리스도인들의 마음의 상태는 모두 그들의 영적 수준과 상태의 핵심에 속하는 문제입니다.

이 같은 위기 상황 속에서 가만히 앉아 하나님의 처분만 기다리며 평소의 생활로 돌아갈 수 없도록 그 무엇이 가슴 속에서 역사하던 소수의 사람이 있었습니다. 그들은 모든 사람들이 일상적인 일에 종사하는 동안에 진을 떠나 한적한 회막으로 나아갔습니다. 다른 백성들이 잠자리에 들 때도 그들은 진을 떠나 회막으로 나아갔습니다.

한 걸음 한 걸음 진으로부터 멀어져 회막으로 가까이 다가갈수록 진중의 일상적인 일들과 번잡함으로부터 멀어졌습니다.

하나님께 나아가는 그들의 마음도 그렇게 세상으로부터 구별되었습니다. 진중의 백성들의 소리로부터 멀어지면 멀어질수록 더욱 또렷하게 느껴지는 하나님의 임재 속으로 들어갈 준비를 갖추어 갔습니다.

보십시오. 모세는 기도가 무엇인지를 알았습니다. 큰소리로 부르짖는 열렬함보다 더 시급한 것이 있음을 알았습니다.

그것은 기도하는 이들의 마음이 속된 것으로부터 분리되는 것이었습니다. 특별한 때에는 특별한 기도가 필요함을 알았고, 특별한 기도를 위하여는 특별히 구별된 마음이 필요하다는 사실을 알았습니다. 그리고 그는 여호와를 앙모하는 소수의 사람들과 함께 회막으로 나아가 하나님을 뵈었던 것입니다.

그러므로 더욱 깊은 기도의 세계로 들어가기 위하여 먼저 우리의 마음을 정결케 하고 하나님과의 대면을 위하여 구별하여야 합니다. 하나님의 임재 앞에서 기도하기를 원하는 사람은 자신으로 하여금 더욱 깊은 기도의 세계로 들어가지 못하게 방해하는 것들과 싸우며, 자신을 세속적인 욕망으로부터 성별하여야 합니다.

갈릴리 해변이 어디입니까?

언젠가 교회 학교 교사들이 모인 세미나에서 교사의 영적 삶에 대하여 강의하는 가운데 기도 생활에 대해 가르친 적이 있었습니다. 잃어버린 영혼을 구하는 도구가 되기 위하여는 교사 자신이 하나님과의 관계를 회복하는 것이 급선무라고 말하면서, 하나님과의 온전한 교제를 잃어버리고 살아가는 사람들은 그가 누구이든지 베드로처럼 예수님을 만나기 위하여 갈릴리 해변으로 나아가야 한다고 했습니다.

그때 제게 누군가가 물었습니다. "우리에게 갈릴리 해변은 어디입니까?"
저는 이렇게 되물었습니다. "새벽 기도를 다니십니까?"
그는 대답했습니다. "아뇨, 저는 새벽 기도에 나오지 않습니다."
저는 말했습니다. "내일 아침부터 평소에 안 나오시던 새벽 기도를 나와 보겠다고 결심해 보십시오. 그리고 새벽에 주실 하나님의 은혜를 기대하면서 교회당에 나아오십시오. 은혜로운 예배를 마친 후 고요한 예배당 한 구석에서 홀로 하나님께 기도하십시오. 거기가 바로 당신의 갈릴리 해변입니다."

방해받지 않고 홀로 고독한 장소에 있을 때 우리는 그가 어떤 사람인지 알게 됩니다. 그가 하나님을 추구하며 살아온 사람이라면 우리는 그 고요함 속에서 그가 더욱 자연스럽게 하나님을 찾을 것이라는 사실을 알 수 있습니다.

오늘 모세가 만들어 놓은 기도 처소에 나아갔던 사람들이 바로 그런 사람들이었습니다. 그들은 각성한 소수로서, 대다수의 백성들과 가족들이 머물고 있는 진을 떠나서 하나님 앞에 홀로 매달려 간구하고 기도하지 않을 수 없는 그 무엇이 마음속에서 역사하고 있었습니다.

그리고 그것을 오늘 성경은 '여호와를 향한 앙모함'이라고 묘사하고 있습니다.

기도를 살아 있게 하는 것들

그렇습니다. 하나님을 추구하고, 하나님의 도우심만을 바라보며 사는 사람들은 하나님께 간구하지 않을 수 없습니다.

교회가 기도의 영을 간직하고 있는지의 여부가 왜 그렇게 중요한지 이

제 아시겠습니까? 성도들이 기도하지 않는 것, 그것은 그들이 자신들의 모든 삶 속에서 전심으로 하나님을 구하며 살아가지 않는 것을 의미하는 것입니다.

교회가 결집된 기도의 힘을 발휘하지 못한다는 것은, 교회가 전심으로 추구하는 바가 하나님이 아니라는 것입니다. 따라서 그 교회는 교회를 운영해 나감에 있어서도 순간순간 도우시는 하나님의 도우심을 갈망하기보다는 제도와 방법과 계획에 의존하고 있는 것입니다. 이것은 마음으로 하나님을 찾는 일에 실패한 결과입니다.

여러분이 단지 주일 예배에 참석하고 있다는 사실 하나 가지고 하나님의 자녀로서의 이름값을 하고 있다고 생각한다면 그것은 실로 바보 같은 자기 만족입니다. 우리들을 거룩한 자신의 백성으로 부르신 하나님께서는 우리를 단지 예배하게 하시려고 부르신 것이 아니라 예배를 통하여 하나님과의 관계를 누림으로써 어두운 세상에서 의의 길을 걷게 하시려고 부르신 것입니다.

아무도 하나님을 찾는 이가 없는 세상에서 우리는, 하나님을 추구하며 살아감으로써 세상 사람들에게 우리가 찾는 하나님이 누구신지를 보여 주기 위하여 선택된 백성들입니다. 우리가 정말 하나님을 경외하고 추구하는 사람들이라면, 이처럼 가난한 교회의 시대에 변하지 않는 민족의 역사를 보며 기도하지 않을 수 없을 것입니다.

중요한 것은 느낌이 아니라 실재입니다. 하나님의 사랑을 볼모로 잡아 우리는 안전하고 평안하다고 말하는 것이 중요한 것이 아닙니다. 실제로 능력 있는 기도를 통하여 우리의 인생이 하나님의 권능에 사로잡히는 것이 중요한 것입니다.

오랜 세월 분투하는 인생을 살아가던 사람들이 불현듯 흘리는 눈물은 우리의 마음을 숙연하게 합니다. 하나님을 추구하는 삶도 없고 마음의 정함도 없으면서 수시로 우는 사람들의 눈물은 우리로 하여금 그 무기력함에 짜증나게 합니다.

기도의 용사

이 위기에 여호와를 앙모하는 사람들이 기도의 짐을 진 용사가 되었습니다. 얼마나 복된 일입니까?

그들은 기도로 하나님을 섬김으로써 역사를 움직인 사람들이 되었습니다. 기도하는 사람이 많지 않기 때문에 문제가 되는 것이 아니라, 기도하도록 부름받은 사람이 자신을 모두 바치는 기도를 하지 않는 것이 문제입니다.

교회의 역사를 보십시오. 위기 가운데 교회가 정말 위기라고 느낀 사람들은 언제나 소수였습니다. 대다수의 사람들은 하나님의 진노가 임박한 때에도 먹고 마시는 일에 열중하면서 하나님의 은혜의 교리를 인질로 잡고 형식적인 신앙 생활을 이어 가는 일에 열중하였습니다. 그들은 하나님을 사랑하는 사람들이 아니었습니다. 전심으로 하나님을 추구하는 사람들이 아니었습니다.

지금이야말로 이런 연약함들을 극복하고 우리와 조국 교회를 새롭게 하실 하나님 앞에 간구하기 위하여 진을 떠나 멀리 나아가야 할 때입니다. 신앙으로 변혁하도록 부름을 받아 마주한 이 세대 앞에서 오히려 함께 죄에 물들어 가는 그리스도인의 삶의 위기는 우리를 회막으로 부르고 있습니다. 복음에 대하여 냉담한 세상과 목메어 전파할 선포의 제목을 잃은 교회의 영적 상황도 우리의 기도를 필요로 하고 있습니다.

거룩한 용기를 갖자

우리는 거룩한 교회의 소명을 다하기 위하여 잠시 세상의 즐거움을 버릴 용기를 지녀야 합니다. 보다 영원한 나라의 도래를 위하여 세상 날에서 잠시 소외될 용기를 지닐 수 있어야 합니다.

기억하십시오. 우리가 만약 열렬한 기도의 영으로 하나님 앞에 기도하지 못한다면, 우리의 마음을 다시 찾아야 합니다.

뒤로 물러가 침륜에 빠지는 사람들은 행동으로 침륜에 빠지기 전에 먼저 영혼의 침륜을 경험하였습니다. 예수 그리스도께서 육신으로 골고다의 십자가를 지고 승리하시기 전에 먼저 영적으로 승리하신 겟세마네 동산의 기도가 있었습니다.

여러분 자신을 믿지 마십시오. 오늘 게으름을 벗삼아 나태와 안일 속에서 살아가는 사람이 내일 전심으로 하나님을 추구하며 기도할 수 있다고 생각하지 마십시오. 먼저 태만과 안일의 진중을 떠나십시오. 다른 사람들은 어찌하든지 하나님을 앙모하며 기도하십시오. 절박한 마음을 가지고 부르짖으십시오.

맺는 말

다시 한 번 여러분 자신을 추스르시고 이전에 여러분에게 주셨던 기도의 도전들을 되새기십시오. 사모하는 마음으로 기도의 영을 회복하도록 분투하십시오.

여러분이 그렇게 깨어서 하나님 앞에 나아올 때, 하나님께서는 다시 한 번 모세의 기도를 들어주셔서 이스라엘 백성과 동행하시는 은총을 회복시켜 주셨던 것처럼 여러분을 축복하실 것입니다.

여러분은 기도하기를 원하시는 하나님의 마음을 알면서도 단지 진중에 머물고 있는, 현실 만족에 빠진 다수가 되시렵니까? 아니면 기도로 역사를 움직이는 소수가 되시렵니까?

우리는 간절히 기도해야 합니다. 기도하고도 무엇을 기도했는지조차 잊고 살아가는 것은 간절히 기도하지 않았기 때문입니다. 심지어 우리는 스스로 기도하고도 그 기도 결과가 어떻게 응답되고 있는지에 대해서는 거의 무관심한 채 살아갈 때가 얼마나 많습니까? 하나님 앞에 간절히 기도하였다고 할 때, 그것은 그 기도자의 기도의 특성일 뿐만 아니라 그의 삶 자체가 하나님 앞에 얼마나 열렬하고 간절한 삶이었는지를 보여 주고 있는 것입니다. 삶을 능가하는 기도가 없고 기도를 능가하는 삶도 없습니다.

제2장

통성 기도는 부흥의 비결인가?

"엘리야는 우리와 성정이 같은 사람이로되
그가 비가 오지 않기를 간절히 기도한즉
삼 년 육 개월 동안 땅에 비가 오지 아니하고
다시 기도하니 하늘이 비를 주고
땅이 열매를 맺었느니라"

약 5:17-18

능력의 사람들

엘리야는 북왕국 이스라엘 선지자였습니다. 능력에 있어서 선지자의 대명사가 될 정도로 뛰어난 선지자였습니다. 그는 북왕국 오므리 왕가의 아합 왕 시대에 사역하던 인물입니다. 아합의 시대는 우상 숭배가 창궐하던 시기였습니다. 아합의 아내는 시돈 왕 중 엣바알이라고 하는 사람의 딸, 이세벨이었습니다.

시돈은 지중해와 바로 통하는 항구 도시입니다. 그 항구 도시를 통하여 지중해로부터 많은 문물이 팔레스타인으로 들어왔습니다. 이 사람들은 해양 민족 출신으로서 바알을 아주 충성스럽게 섬겼습니다.

말하자면 이세벨은 헌신된 바알 종교의 선교사로서 이스라엘 땅에 시집온 것입니다. 아합의 불신앙과 이세벨의 이교 신앙이 합하여져 이스라엘 역사는 가장 악하고 어두운 배교 시대로 접어들게 됩니다.

하나님께서는 바로 이때에 아주 걸출한 선지자들을 보내셨습니다. 이스라엘의 역사에서 불신앙과 죄악의 어둠이 깊은 때에는, 하나님께서 더 강력한 선지자를 보내셨습니다. 그리고 이 같은 사실은 엘리야와 엘리사의 시대와 사역을 보아서도 알 수 있습니다. 엘리야와 엘리사가 바로 그러한 사람들입니다.

우리와 같은 사람들

오늘 본문이 그 위대한 선지자 엘리야가 하나님의 이름을 위해 하나님을 기뻐하지 않는 그 시대 한복판에서 어떻게 그렇게 용감하게 투쟁하며 승리할 수 있었는지의 비결을 그의 기도 생활을 통해 말하고 있습니다.

우선 오늘 성경은, 엘리야는 우리와 성정(性情)이 같은 사람이라고 말하고 있습니다. "엘리야는 우리와 성정이 같은 사람이로되……"(약 5:17). 여기서 우리는 위로를 받습니다.

그 위대한 선지자조차도 하루 종일 일과에 시달리고 나면 피곤하고, 그러한 피곤에 의하여 언제든지 기도 생활이 방해받을 수 있는 연약함 속에서 살았던 사람이라는 것입니다.

그는 위대한 선지자였지만 우리와 똑같은 연약한 성정을 가진 사람이었습니다. 육신의 힘에 있어서도 그러했고 마음에 있어서도 그러하였을 것입니다.

선지자들의 생애를 살펴볼 때 자칫 간과하기 쉬운 사실이 하나 있습니다. 우리는 그들이 외쳤던 불꽃과 같은 메시지와 초인적인 헌신의 삶에만 시선을 줍니다. 그러나 그들은 스스로 강하였던 사람들이 아니었습니다. 그들은 단지 우리와 같이 연약한 성정을 가진 인생들일 뿐이었습니다.

걸출한 선지자들이지만

예레미야나 에스겔이나 걸출한 선지자들의 기록을 보면 그들이 얼마나 자주 영적인 침체에 빠지고 낙담했는지를 알 수 있습니다. 영광의 선지자였던 이사야나 믿음의 선지자 하박국도 마찬가지입니다. 그들이 위대한 선지자였음에는 틀림없지만, 순간순간 우리와 같은 성정을 가진 사람들임을 입증하였습니다.

그들은 자주 자신들만이 가지고 있던 연약함에 쉽게 굴복했습니다. 쉽게 지치고 낙담하던 사람들이었습니다. 그들이 강할 수 있었던 것은 그들을 붙들고 계신 강하신 하나님 때문이었습니다. 그리고 그들이 그 강하신 하나님과 동행할 수 있었던 것은 기도 때문이었습니다.

오늘 본문이 거론하고 있는 엘리야가 어떤 사람이었습니까? 하나님께로부터 소명을 받고, 신령한 것으로 말하자면, 하늘의 불을 땅으로 불러 내린 사람이었습니다. 바알 선지자들이 칼로 몸을 그으면서도 일으킬 수 없었던 역사를 갈멜산에서 끌어내렸던 사람이 아닙니까?

하늘에서 내려온 불이 물이 흐르는 도랑을 핥고 제단에 쌓은 장작들을 태울 때 그 옆에 서 있던 선지자 엘리야는 분명 우리와 성정이 같다고 받아들여지기는 어려운 사람이었습니다. 그럼에도 불구하고 오늘 성경에서는 이 사람이 우리와 꼭 같은 연약한 성정을 가진 사람이었음을 기록하고 있습니다.

한때 갈멜산에서 하늘의 불을 불러 내린 그 사람이 얼마 후에는 그릿 시냇가에서 하나님 앞에 불평하며 허기짐과 목마름 속에 주저앉은 것을 발견합니다. 그는 낙담하고 있었습니다. 하나님을 만나고 신령한 체험을 했지만 인간의 성정이 바뀐 것은 아니었습니다.

그럼에도 불구하고 하나님께서는 그 사람을 통하여 위대하고 놀라운 일들을 행하심으로 영광을 받으셨습니다.

엘리야가 하늘에 비가 오지 않기를 기도하고 또 비가 오도록 다시 기도함으로써 이스라엘 백성들을 징벌하고 다시 축복한 사람이었지만, 성경은 그를 단지 우리와 성정이 같은 사람이었음을 상기시키고 있습니다.

농경 사회와 우상

가나안 땅은 농경 사회였습니다. 그리고 바알은 그러한 농경 사회의 신이었습니다. 그리고 그들의 종교와 문화는 그런 농경신을 섬기는 우상 숭배의 지배와 영향 아래 있었습니다. 바로 그 신이 비를 좌우한다고 생각했습니다.

풍년은 비의 양과 강우 시기와 깊은 관계가 있었습니다. 파종하기 직전에 이른 비가 한 번 오고 추수하기 전에 늦은 비가 와야 온전히 결실을 거둘 수 있었습니다.

이스라엘 백성들에게, 그들의 번영과 행복이 하나님께 달렸다는 사실과 바알이 아무것도 아니라는 사실을 보여 주는 가장 확실한 방법이 무엇이었겠습니까? 비가 안 오고 농사가 완전히 망가지는 것을 보이면, 바알이 도움이 안 된다는 사실을 이스라엘 백성들에게 상기시킬 수 있었을 것입니다.

그래서 엘리야는 하나님 앞에 기도하였던 것입니다. 성경은 말합니다. "……그가 비가 오지 않기를 간절히 기도한즉 삼 년 육 개월 동안 땅에 비가 오지 아니하고"(약 5:17).

엘리야 선지자가 간절히 기도했더니 비가 오지 않았습니다. 물론 지금도 누군가가 간절히 엘리야와 같이 기도하면 기상 이변이 일어날 수 있다는 사실을 저는 부인하지 않습니다.

하나님 마음을 반영한 기도

그러나 놓치지 말아야 할 요점은 이것입니다. 엘리야가 간절히 드린 기도, 그것은 단지 간절했기 때문에만 응답받은 것이 아닙니다. 하나님께서 그 기도에 응답하심으로 비를 그치신 것은 선지자 엘리야의 기도 제목 자체가 하나님 마음의 소원을 반영한 것이었기 때문입니다.

이스라엘 백성들의 심각한 영적 타락과 우상 숭배의 죄악상 가운데서 하늘의 비를 그치도록 해달라고 하나님의 공의를 간구하고 있는 것은 바로 하나님의 마음을 읽은 기도 내용이었습니다. 이처럼 엘리야의 기도는 우선 하나님의 마음을 깊이 이해하는 기도였습니다.

때로 우리는 주위에서 많이 기도함에도 불구하고 그 신앙이 도무지 성경적이지 않고, 열심은 있으나 무엇인가 신앙의 핵심을 많이 빗나가 있는 것 같은 사람들을 발견할 때가 있습니다. 그것은 바로 하나님의 마음을 바로 읽지 못하고 있기 때문입니다.

하나님을 경외하는 이들의 기도가 더 능력 있고 응답받기에 합당한 것은 먼저 그의 관심이 하나님께 있어 기도 제목 자체가 하나님의 마음을 반영하기 때문입니다.

생각해 보십시오. 만약에 엘리야가 간절히 금식하며 기도할 때 "하나님, 전능하신 하나님, 새로 나온 좋은 승용차 한 대를 제게 주십시오."라고 기도했다면, 그 기도도 하나님께서 이렇게 위대한 역사를 일으키는 도구로 사용하셨겠습니까?

무엇 때문에 간절한가?

간절한 기도 그 자체가 중요한 것이 아니라 무엇 때문에 간절해졌느냐가 더 중요합니다. 저는 주위에서 간절히 기도하면서 그렇게 간절히 드리는 기도를 자신의 그릇된 확신과 잘못된 신앙관을 강화시키는 데 사용하는 사람들을 많이 만났습니다.

자신의 간절한 기도를 통해서 무조건 하나님을 굴복시킬 수 있을 것같이 생각하는 것, 이것은 하나님의 성품과 기도에 대한 전적인 오해입니다. 하나님의 마음이야 어떻든 '쎄게' 기도하면 하나님께서는 우리의 기도 앞에 항복하실 수밖에 없다는 생각은 미신적인 망상입니다.

우리는 흔히 '기도로 밀어붙인다.'라는 말을 종종 사용합니다. 그것도 정신 없는 사람들의 망언입니다. 중요한 것은 하나님의 마음을 읽는 것입니다. 그것은 가장 간절히 기도하는 것보다 더 중요한 전제입니다.

여러분이 무엇인가 원하는 것을 가지고 하나님 앞에 간절히 기도하는 것보다 중요한 것은, 지금 여러분에게 기도하기를 원하시는 하나님의 마음 안에 있는 기도 제목이 무엇인지를 발견하는 것입니다.

과연 하나님께서는 여러분을 향하여 어떤 마음을 가지고 계실까요? 하나님께서 여러분으로 하여금 무엇을 위하여 기도하게 하실까요?

하나님께서 여러분에게 원하시는 기도 제목이 무엇인지를 깨닫게 되면, 이어서 여러분 속에 하나님의 마음이 전해지도록 하나님과 대면해야 됩니다. 하나님께서 어떤 마음을 가지고 여러분을 보고 계시는지 그 마음으로 여러분 자신을 볼 수 있어야 합니다.

조국과 교회를 위하여

교회와 민족을 위해서 기도하기 전에 먼저 민족과 교회를 향한 하나님의 마음이 우리 마음 가운데 부은 바 되어지지 아니하면 우리의 기도는 단지 형식과 의무감에 매인 것이 될 수밖에 없습니다. 진정한 중보 기도라기보다는 의무적인 리포트가 되기 쉽다는 것입니다.

하나님께서 그 마음을 우리에게 부어 주실 때 우리는 기도에 커다란 추진력이 생기는 것을 경험하게 됩니다. 그리고 그 기도는 간절하게 됩니다. 마치 활주로를 달리던 비행기가 강한 불꽃을 뿜으며 하늘을 차고 오르는 것같이 그렇게 강력한 기도의 추진력을 경험하게 된다는 것입니다.

지금 이 상황에서 내 안에 계신 성령이 내게 무엇을 기도하기를 원하시는가, 무엇이 하나님께서 가장 다급하게 생각하시는 기도의 제목이며, 그것을 기도하게 하시려는 하나님의 마음은 무엇인지를 깨달아야 하는 것입니다.

엘리야가 하나님께서 바라시는 목적을 가지고 기도하러 하나님 앞에 나아왔습니다. 패역한 이스라엘 백성들을 깨닫게 하기 위하여 비를 그치게 해달라는 그의 기도는 하나님 마음의 반영이었습니다. 그리고 그 기도의 목표는 하나님만이 살아 계신 이스라엘의 여호와이심을 그 백성들로 알게 하려는 것이었습니다.

선지자는 하나님의 마음으로, 하나님께서 그에게 기도시키고 싶어하셨던 기도 제목을 찾았던 것입니다. 그러므로 우리는 먼저 하나님께서 우리에게 원하시는 기도 제목을 깨달아야 합니다. 이것이 바로 첫 번째 도전입니다.

깨달아야 기도한다

만약에 여러분이 하나님의 마음과 상관없이 살아가고 있다면, 여러분이 하나님과 합한 기도 제목을 발견하여 그 기도에 헌신한다는 것은 거의 불가능합니다. 따라서 기도는 하나님의 말씀을 깨닫는 일과 떨어질 수 없습니다.

저는 주위에서 기도를 좀 적게 하고 오히려 하나님의 말씀을 깨닫는 일에 헌신했더라면 훨씬 더 하나님의 나라를 회복하는 데 도움이 되는 인생을 살았을 사람들을 많이 발견하게 됩니다. 많은 기도와 금식이 그들을 더욱 잘못되고 굳어진 사람으로 만들었습니다.

기도 자체가 그런 일을 한 것은 아니지만 스스로 기도했다고 하는 자기의, 간절히 기도한 것 자체를 업적으로 생각하는 잘못된 생각이 그릇된 확신을 부채질한 것입니다.

그러므로 진정으로 기도하고자 하는 사람은 먼저 하나님께서 자신에게 깨닫게 해주시고자 하는 바에 대해 귀를 기울여야 합니다. 왜냐하면 하나님의 마음을 알게 하는 마음의 감화와 감동은 반드시 깨닫는 것을 통해 와야 하기 때문입니다.

하나님의 마음을 먼저 읽으십시오.

주님의 마음이 무엇입니까? 여러분 자신의 삶과 신앙의 모습을 보면 하나님께서 어떤 마음을 가지고 계실까요? 그것에 대하여 먼저 관심을 가져야만 하나님께서 원하시는 기도 제목을 발견할 수 있습니다. 기도에 대한 이러한 통찰 없이 무조건 간절한 기도가 모든 것을 성취할 수 있다고 믿는 것은 미신적인 편견입니다.

오늘 엘리야 선지자가 간절한 기도를 통하여 하늘의 비를 그치게 하였지만, 그는 단지 능력만이 아니라 하나님의 마음을 가지고 기도한 사람이었습니다. 깨어 있다고 하는 것도 알고 보면 하나님 앞에서 하나님의 마음을 가지고 하나님께서 원하시는 기도를 할 수 있다는 것을 의미하는 것입니다.

간절한 기도로

두 번째로 배울 수 있는 것은 엘리야의 기도의 태도입니다. 그것은 간절한 기도의 태도였습니다. 이것도 이상하지 않습니까? 하나님께서 원하시는 기도 제목을 가지고 바른 목표와 바른 동기에 기초해서 기도하면 되지, 왜 그 자세가 간절해야 된다는 말입니까?

오늘 성경은 단지 이 사람이 기도했기 때문에 비가 안 왔다고 기록하지 않고 '간절히' 기도했기 때문에 하나님의 응답을 받은 사실에 대해 말하고 있습니다. 하나님께서 원하시는 제목으로 기도한다 할지라도 사무적인 태도로 건성으로 기도하는 사람들은 이러한 기도 응답의 축복에서 제외되어 있습니다.

우리가 기도할 때는 기도해서 응답을 받는 것이 목표이지만, 우리가 기도할 때에 우리에게 우리의 원하는 것을 주시는 것이 하나님의 목표는 아닙니다.

무슨 이야기입니까? 우리는 기도할 때에 우리가 기도하는 바를 응답으로 받아 내는 것이 목표이지만, 하나님께서는 우리가 그것을 얻기 위하여 기도하는 과정을 통해서 우리 자신을 바꾸시고 또 우리에게 필요한 것을 주십니다.

기도를 통해서 사람을 바꾸심

우리는 간절히 기도하지 아니하고는 기도의 과정을 통해서 우리를 바꾸고자 하시는 하나님의 기대치에 도달할 수가 없습니다. 그래서 칼빈(John Calvin)은 말했습니다. "모든 것을 아시는 하나님께서 왜 우리에게 기도하기를 원하시는가? 그것은 모든 좋은 것이 하나님께로부터 온다는 믿음을 강화시키기 위해서이다."

그렇습니다. 간절한 기도는 그 기도의 과정을 통하여 우리와 하나님의 관계를 고치게 합니다. 자신의 모습을 발견하게 하고 전폭적으로 기도하는 과정을 통해서 온전히 하나님만을 바라보고 의지하게 만듦으로써 우리의 신앙을 정결케 합니다.

어려운 일을 겪고 있는 성도들이 기도하지 않고 지내다가 길이 잘 열리게 되면 그들은 한결같이 재수가 좋았다고 말합니다. 그러나 간절히 기도하며 하나님께 자신을 의뢰하던 사람들은 하나님께서 자신을 도와주셨다고 고백합니다. 기도하는 과정을 통해서 사람의 의식이 바뀌는 것을 보여주십니다.

기도를 통하여 환경을 바꾸려고 덤볐던 사람들이 간절한 기도 속에서 자신이 바뀌는 것을 흔히 경험합니다.

많이 기도한다고 말하면서 천박한 인격과 경박한 기도의 태도를 계속 견지하는 사람들은 참다운 기도의 세계 속에 있는 사람이 아닙니다. 참된 기도는 기도하는 사람을 변화시키는 힘이 있습니다. 간절한 기도를 통하여 하나님을 바라보고 하나님을 열망하는 가운데 변화를 경험합니다.

일곱 번의 기도

우리는 엘리야가 간절히 기도했다는 사실을 보고받고 있습니다. "엘리야가 아합에게 이르되 올라가서 먹고 마시소서 큰 비 소리가 있나이다 아합이 먹고 마시러 올라가니라 엘리야가 갈멜산 꼭대기로 올라가서 땅에 꿇어 엎드려 그 얼굴을 무릎 사이에 넣고 그의 사환에게 이르되 올라가 바다 쪽을 바라보라 그가 올라가 바라보고 말하되 아무것도 없나이다 이르되 일곱 번까지 다시 가라 일곱 번째 이르러서는 그가 말하되 바다에서 사람의 손 만한 작은 구름이 일어나나이다 이르되 올라가 아합에게 말하기를 비에 막히지 아니하도록 마차를 갖추고 내려가소서 하라 하니라 조금 후에 구름과 바람이 일어나서 하늘이 캄캄해지며 큰 비가 내리는지라……"(왕상 18:41-45).

하나님께서 다시 하늘을 열고 비를 내리실 때에 그는 일곱 번을 기도했다고 기록하고 있습니다. 간절히 일곱 번 기도한 것입니다. 이것은 횟수 자체가 그의 집요한 기도 자세를 표현하고 있는 것입니다.

성경은 그가 무릎 사이에 얼굴을 묻고 기도하였다고 하였습니다. 기도하는 선지자의 다급함과 간절함의 표시입니다. 그는 이스라엘 백성들을 깨우치시는 하나님의 마음으로 하늘을 열고 닫는 기도를 할 때, 불붙는 마음으로 기도하였습니다.

그는 누군가에게 보여 주기 위해서 혹은 이후에 간절한 기도에 있어서 자기가 예화로 등장할 것을 예견하면서 무릎 사이에 얼굴을 묻고 간절히 기도한 것이 아닙니다. 목표가 올바르고 기도의 목적이 하나님의 마음으로 합했다고 하더라도 간절함이 없는 기도는 하나님의 응답으로부터 멀다는 것을 보여 주는 것입니다.

기도하다가 낙심하는 것은 대부분 그 기도의 간절함을 상실했기 때문입니다. 간절히 기도하는 동안, 그 열렬한 기도의 영이 유지되고 있는 동안에는 하나님께서 자기에게 응답해 주시지 않을지도 모른다는 불신앙이 자리할 여지가 없습니다.

간절히 기도하는 사람들은 간절히 기도할 때 열렬한 마음이 되고, 열렬한 마음으로 하나님 앞에 호소할 때에 결코 낙망하지 않습니다. 그들의 마음을 움직이시고 간절하게 하시는 분이 하나님이시기 때문에 상황이 바뀌지 않았어도 그들은 바뀌지 않는 상황 뒤에서 응답하시는 하나님의 음성을 수시로 듣습니다.

아무것도 변하는 것이 없음에도 불구하고 간절히 기도하는 사람들은, 하나님께 헌신된 기도로 부르짖는 사람들만이 느끼는 영음에 대한 감각이 있습니다. 영적인 음성에 대한 감각이 있다는 말입니다.

밤새도록 우는 산

산사태를 본 적이 있습니까? 지금은 산림이 우거져서 쉽게 산사태가 나지는 않습니다. 그러나 간혹 큰 산사태를 보게 되는데, 산사태가 나기 전에는 밤새도록 산이 웁니다. 커다란 소리를 내면서 무너지기 전에 밤새도록 "우르릉 우르릉" 하며 산이 우는 소리가 들린다는 것입니다. 겉보기에는 아무런 무너지는 것이 없는데도 밤새도록 울다가 어느 시점에 엄청난 사태가 일어나는 것입니다.

기도할 때에, 하나님께서 그 기도를 통하여 역사하시는 것도 유사합니다. 어느 날 예기치 않게 바뀐 상황이 응답으로 오기 전에, 긴 시간 동안 아무런 변화 없이 헌신적이고 간절하게 기도만 해야 하는 때가 있다는 것입니다. 겉보기에는 아무런 상황도 변하지 않았어도 계속해서 드리는 간절한 기도는 그 상황을 무너지도록 울립니다. 완전히 무너져서 변화가 일어나기까지 기도의 능력은 그 상황의 내부 속에 어떤 변화를 만들어 가고 있는 것입니다.

사람이 간절한 기도의 영을 잃어버리게 될 때, 그들은 그러한 영적 통찰을 가지고 자기가 기도하는 상황의 내면에서 일어나는 보이지 않는 변화를 읽어 낼 힘을 잃어버리게 됩니다. 그리고 단지 상황의 겉모습만 바라보며 좌절하거나 근거 없는 낙관을 갖게 되는 것입니다. 다시 말해서 간절한 기도의 영이 유지되어야만 기도하는 가운데 낙심하지 않을 수 있다는 것입니다.

통성 기도는 부흥의 비결인가?

어느 교회 성장학자가 성장하는 교회의 공통 요인을 조사하였는데 그것은 통성으로 기도하는 교회였습니다. 그러나 저는 그런 결론에는 전적으로 동의하지 않습니다.

간절히 기도하는 것이 중요한 것이지 통성 기도 그 자체에 무슨 매력이 있는 것같이 생각해서는 안 된다는 것입니다. 부르짖으면서도 간절하지 않은 기도는 얼마든지 있고, 간절하면서도 소리내지 않는 기도가 때로는 있기 때문입니다.

중요한 것은 외면의 모습이 아니라 기도 자체를 움직이고 있는 힘입니다. 그리고 그 능력은 간절함에 비례하는 것입니다.

간절한 모든 기도가 하늘의 능력을 불러오는 것은 아니지만 하늘의 능력을 이 땅에 불러 내린 모든 기도가 간절하지 않은 것은 없습니다. 다시 말하면 기도에 응답하시고 능력을 보내시는 분은 하나님이시지만 하나님께서는 간절한 기도를 사용하신다는 것입니다.

그러므로 습관처럼 되어 있는 "주여!"를 세 번 부르짖는 모습이나 마음이 실리지 않은 통성 기도의 습관화 같은 것은 교회로 하여금 영적인 기도로 하나님 앞에 나아가는 것을 막습니다.

오히려 자칫하면 기도가 외식에 흐르는 위험이 있을 수 있다는 사실을 기억해야 하는 것입니다. 중요한 것은 어떻게 하면 우리가 간절히 기도할 수 있느냐 하는 것입니다.

영혼의 시선을 하나님께

간절한 기도에 있어서 첫 번째 중요한 것은 우리의 시선을 하나님께 모으는 것입니다. 하나님께 시선을 모으고 마음을 집중하지 아니하면 우리는 결코 간절한 기도의 영을 유지할 수 없습니다.

예수 그리스도를 보십시오. 땀이 핏방울이 되어 떨어지기까지 기도하신 주님께서는 하늘을 우러러 기도하셨습니다.

예수 그리스도께서 겟세마네 동산에서 올리신 그 기도가 통성 기도였는지 묵상 기도였는지를 물어보는 것은 바보 같은 질문입니다. 중요한 것은 그분의 기도는 간절한 기도였다는 것입니다. 심한 통곡과 눈물을 동반한 자신의 온 영혼을 실은 간절한 기도였습니다.

예수 그리스도께서 기도하실 때의 모습을 성경은 이렇게 기록하고 있습니다. "그들을 떠나 돌 던질 만큼 가서 무릎을 꿇고 기도하여 이르시되 아버지여 만일 아버지의 뜻이거든 이 잔을 내게서 옮기시옵소서 그러나 내 원대로 마시옵고 아버지의 원대로 되기를 원하나이다 하시니 천사가 하늘로부터 예수께 나타나 힘을 더하더라"(눅 22:41–43).

잡히시던 날 밤에 하나님께 드렸던 예수님의 기도는 힘을 다한 기도였습니다. 그렇게 간절히 올리신 예수 그리스도의 기도는 힘을 다한, 육체의 노고를 아끼지 아니한 기도였음을 알 수 있습니다. 예수님께서는 이처럼 아버지 하나님께 영혼의 시선을 고정하시고 기도하셨습니다.

기도의 영을 유지하려면

그러므로 우리는 간절하고 열렬한 기도의 영을 유지하기 위하여 범사에 하나님을 우러러보는 삶이 습관화되어야 합니다.

우리는 언제나 하나님을 바라보고 살아갈 뿐만 아니라, 복잡한 일상 생활 속에서 하나님의 이름을 부르거나 그분의 거룩한 성품을 묵상해야 합니다. 그리고 그때 순간적으로 하나님의 임재 안에서 그 하나님을 주목하게 되는 영적 상태로 돌아갈 수 있는 영적 순발력이 필요합니다.

이러한 영적 순발력은 우리로 하여금 짧은 시간 안에 하나님의 임재를 느끼며 기도하게 만들어 주고, 바울이 임재를 느끼며 성령 안에서 기도하던 기도의 세계를 가능하게 합니다. 소리를 내고 안 내고 하는 것은 중요한 논쟁거리가 아닙니다. 문제는 어떤 기도를 통해서 하나님을 가장 잘 주목할 수 있느냐 하는 것입니다.

우리는 간절히 기도해야 합니다. 기도하고도 무엇을 기도했는지조차 잊고 살아가는 것은 간절히 기도하지 않았기 때문입니다. 심지어 우리는 스스로 기도하고도 그 기도 결과가 어떻게 응답되고 있는지에 대해서는 거의 무관심한 채 살아갈 때가 얼마나 많습니까? 이것은 예수님께서 가르쳐 주신 기도와 얼마나 거리가 먼 것입니까?

오늘 엘리야를 보십시오. 그는 능력에 있어서 우리와 비교되지 않을 정도로 탁월한 사람이었습니다. 그러나 그러한 영적인 탁월함이 덜 간절하게 기도해도 놀라운 은혜를 받게 한다고 믿지 않았습니다.

그가 하나님 앞에 간절히 기도하였다고 할 때, 그것은 단지 그의 기도의 특성이었을 뿐만 아니라 그의 삶 자체가 하나님을 향하여 얼마나 열렬하고 간절한 삶이었는지를 보여 주고 있는 것입니다. 삶을 능가하는 기도가 없고 기도를 능가하는 삶도 없습니다.

기도에 헌신된 사람

결국 우리는 간절한 기도에 대해서 배워야 할 뿐 아니라, 더 중요한 것은 우리 스스로 간절히 기도하는 것입니다. 기도는 헌신을 가져오는 수단인 동시에 또한 헌신의 모체이기도 합니다.

기도에 헌신된 사람은 삶에 있어서도 헌신된 사람이고, 사역에 있어서 헌신의 정신을 보여 주는 사람은 기도에 있어서도 헌신된 사람입니다. 사람의 육체와 영혼이 나뉘어질 수 없고 연합되어 있듯이 기도와 헌신은 생명과 연합을 이루고 있습니다.

하나님 앞에 간절하게 사는 삶의 헌신 없이 열렬한 기도가 있을 수 없고, 간절한 기도 없이 참된 헌신이 있을 수 없습니다.

그러므로 우리는 가장 거룩하게 구별된 헌신의 상태에서 하나님께 자신을 내어 맡기는 일에 간절해져야 합니다. 그것이 모든 섬김의 직업화 현상을 예방하는 길이며 간절한 기도를 가능하게 하는 것입니다. 무엇보다도 강한 기도의 사람들이 모두 간절한 기도의 세계를 지닌 사람들이었다는 사실을 잊지 말아야 합니다.

짧게 살아도 많이 사는 길

기도의 사람 데이비드 브레이너드(David Brainerd)가 온몸이 땀으로 흠뻑 젖은 상태에서 금식과 기도로 하나님 앞에 자신을 드린 기록들을 읽어 보십시오. 그는 자주 자신의 기도를 씨름에 비유했습니다.

그의 일생은 기도의 일생이었습니다. 그는 밤은 밤대로 낮은 낮대로 기도하기에 유익한 시간으로 살았습니다. 설교하기 전에 헌신적인 기도를 하였을 뿐만 아니라 설교한 후에는 자신이 그 설교대로 살아가고 있는지를 점검하며 하나님 앞에 기도하였습니다.

그는 시간마다 하나님 앞에 기도로 자신을 바쳤고 자신의 생일을 종종 금식하기 위한 날로 삼았습니다. 하나님과의 깊은 영교 속에서 자신의 마음을 쏟는 비결을 배웠습니다. 하나님께서 그의 간절한 기도에 축복하심으로 그는 다른 사람보다 반도 못 되는 길이의 삶을 살았지만 자신보다 두 배나 더 오래 산 사람보다 훨씬 위대한 일들을 이루고 죽었습니다.

간절히 기도하지 않았던 사람들은 죽음으로 끝났지만, 간절히 기도해서 하나님의 능력으로 하나님을 섬겼던 사람들은 죽었어도 여전히 살아서 말하고 있습니다. 그리고 그런 사람들이 바로 그리스도 예수의 심판 날에 가장 영광스러운 자리에 있게 될 것입니다.

기도는 전쟁이다

그런데 문제는 이것입니다. 간절히 기도하지 못하도록 방해하는 마귀와 환경과 자신의 도전이 너무 집요하다는 것입니다.

우리 안에, 우리 밖에 이 간절한 기도에 도달하지 못하게 하는 방해 요소가 너무나 많습니다.

사탄은 놀다가도 가장 연약한 신자가 무릎을 꿇을 때 그 사람을 주목합니다. 그러므로 그러한 방해를 능가하고 하나님 앞에 간절한 기도의 정신을 유지하기 위해서는 무엇보다도 간절히 기도하려는 강인한 각오가 필요한 것입니다. 그래서 성경은 여러 곳에서 기도를 씨름에 비유하고 있습니다.

여러분, 이 씨름은 고대 로마 시대의 경기를 연상하게 합니다. 이 씨름은 신사적인 경기가 아니라 두 사람을 경기장 속에 밀어 넣고 둘 중 한 사람이 상대방을 쳐죽일 때까지 계속하는 씨름이었습니다. 여기에는 어떤 안일함이나 태만함도 있을 수 없습니다. 오직 열렬하고 전투적인 진지함이 있을 뿐입니다.

기도의 위인들이 도달했던 그 기도, 그것은 바로 이러한 간절함 끝에 도달한 것입니다. 기도를 통하여 달콤함을 경험하며 하나님과의 영적인 교제를 통하여 충만한 하나님의 사랑을 경험하는 기쁨은 간절함이라는 기도의 단계에 도달하기 위한 쓰디쓴 싸움 끝에 얻어지는 열매입니다.

그러므로 우리는 단번에 하나님과의 깊은 교제 속으로 들어가기 위해서 안타까워하며 더 간절하고 열렬한 부르짖음으로 영적인 교제 속으로 들어가고자 노력하여야 합니다.

성경 속에는 가끔 한 번의 기도로 위대한 능력을 이 땅에 불러 내린, 기도 응답의 특권을 가지고 있는 것 같았던 영적인 인물들이 나타납니다. 그 위대한 일들은 짧은 기도로도 이루어졌습니다. 그러나 그 짧은 기도가 능력있는 것이 되기 위해서는 평소에 아주 긴 시간 동안을 간절한 기도 속에서 보내는 삶이 요구됩니다.

따라서 우리들이 두 번째 받아야 되는 도전의 요점은 이것입니다. 하나님과의 깊은 영적인 교제를 기도 속에서 맛보기 위해서는 간절해져야 한다는 것입니다. 기도 속에서 맛보는 참다운 거절에도 쉽게 낙심하고 기도의 자세를 풀어 버리는 사람들은 결코 기도를 통해서 하나님의 선한 은혜를 맛볼 수가 없습니다.

의로운 삶의 능력

몇 년 전 가뭄이 계속되자 농림 수산부 직원들이 돼지머리를 삶아 관악산으로 가서 기우제를 올렸다고 합니다. 이 개명한 시대에도 그런 어리석은 사람들이 있는데, 하물며 아합의 시대에 3년 6개월 동안 비가 오지 않고 땅을 파도 샘이 솟지 않아 가축들이 들판에서 기갈에 헤매다 쓰러져 죽어 가고 곡식이 누렇게 타들어 갈 때 이스라엘 백성들이 하나님 앞에 비가 오게 해달라고 기도하지 않았다면 거짓말일 것입니다.

많은 사람들이 비 오기를 기도했을 것입니다. 비가 오지 않도록 기도한 사람은 엘리야 한 사람이었을지 모르지만 하늘을 열어 주시도록 부르짖은 사람들은 헤아릴 수 없이 많았습니다.

그럼에도 불구하고 성경은 그 많은 사람들의 기도에는 관심조차 없었습니다. 오직 한 사람 엘리야의 기도를 통해 다시 비가 오게 되었다는 것입니다. 하나님께서는 엘리야가 다시 비를 내려 달라고 기도할 때까지 닫혀진 하늘을 열지 않으셨습니다. 무엇 때문일까요?

그는 우리와 성정이 같은 사람이었지만 그의 삶이 하나님 보시기에 남달랐기 때문입니다.

이에 대하여 성경은 이렇게 말합니다. "그러므로 너희 죄를 서로 고백하며 병이 낫기를 위하여 서로 기도하라 의인의 간구는 역사하는 힘이 크니라 엘리야는 우리와 성정이 같은 사람이로되 그가 비가 오지 않기를 간절히 기도한즉 삼 년 육 개월 동안 땅에 비가 오지 아니하고"(약 5:16-17).

요점은 이것입니다. 엘리야의 간절한 기도를 그의 의로운 삶과 연결시키고 있습니다. 엘리야의 삶은 의로운 삶이었습니다. 이 땅에 비나 내려서 사람들의 기근이나 해결해 주려고 온 선지자가 아니었다는 것입니다. 그는 온 삶으로 하나님의 의를 추구한 사람이었습니다.

그리고 비가 오지 말게 해달라고 간구하고 또 비가 오게 해달라고 기도한 것도 이러한 의를 추구한 엘리야의 삶의 한 반영이었습니다. 그의 기도와 삶은 결코 분리되어 있지 않았습니다. 그것이 바로 위대한 기도의 능력이 평소에 그와 함께하였던 이유입니다.

오늘날은 너무나 많은 사람들이 살아가고 있습니다. 교회의 번영과 그리스도인들의 새로운 삶에 대해서 수많은 말을 가진 말꾼들이 있습니다. 그들의 관심은 말하는 것입니다.

실제로 교회의 변화와 의로운 삶을 살아가야 할 하나님의 백성들의 변혁된 삶에 대해 아무런 헌신도 없이 일주일 동안 자기 중심적으로 살아가다가, 교회 와서 주일 예배나 한 번 드리고 도망치듯이 빠져나가는 사람들이 조국 교회의 갱신을 위하여 기도할 리도 없거니와 그들의 기도가 간절할 리도 없습니다. 설령 그들이 기도한다 할지라도 하나님께서는 그들의 기도를 통해서 위대한 일들을 이루시지 않습니다.

기도는 삶을 위하여

이것을 통해서 우리가 무엇을 배웁니까?

교회의 참된 부흥과 변화를 위해, 그리스도인의 영적 각성과 하나님의 교회가 어두운 역사에서 불꽃처럼 나타나는 영광스러운 영적 부흥을 위해 자신의 삶을 던지고 자신의 모든 삶의 구심점이 그 거룩한 목표에 고정되어 있는 사람, 마음이 언제나 거기에 붙잡혀 있고 그것을 위하여 살아가지 않을 수 없도록 부름받은 사람, 그러한 사람들의 순종하는 삶을 통해 하나님께서 역사하시는 것입니다.

그들이 자신들이 헌신하며 살아가고 있는 그 일을 위하여 기도할 때 하나님께서는 기도의 불을 보내십니다. 복음을 전하는 것과 선교를 위하는 기도도 마찬가지입니다. 한 번도 복음을 전하지 않고 기도하는 사람들이 선교와 복음 전파를 위한 열렬한 기도의 영을 유지할 수 있다는 것은 거짓말입니다.

핍박과 고난을 견디며 복음 전파를 위하여 수고하는 영혼들, 자신이 외치는 복음을 통하여 구원받는 역사를 경험하는 삶을 간절히 살아가고 있는 사람들, 그 사람들이 세상의 구원을 위한 열정을 가지고 하나님 앞에 기도할 수 있습니다. 그들의 감정은 수많은 사람들의 심금을 울리고 냉담한 사람들의 마음에 구령의 열정을 불러일으킵니다.

가정의 구원을 위해서 늘 기도한다고 하더라도, 정말 그 가족의 영혼들의 미래에 대해 긴박감을 느끼고 그 영혼들이 처한 상태에 대한 염려와 그 가족들을 어떻게 그리스도께로 돌아오게 할 수 있을지에 대해서 고민하지 않는 삶을 살아가는 사람들은 열렬하고 간절한 기도를 유지할 수 없습니다.

끊임없이 그 영혼들을 위하여 금식하고 염려하며, 무엇인가 그들 영혼에 유익을 주기 위하여 수고와 고난의 삶을 살아갈 때, 그들은 중보 기도 속에서 가족의 이름을 부를 때 목메는 아픔과 슬픔과 간절함을 경험하게 될 것입니다. 그러므로 삶이 동반되고 삶으로 고민하지 않는 기도는 단지 종교적인 놀음에 불과한 것입니다.

절박한 삶, 간절한 기도

간절한 기도는 절박한 삶에서 비롯됩니다. 삶이 안일하고 나태한 사람들 가운데 신령한 영적 인물이 없었다고 하는 것은 바로 이러한 사실의 증거입니다. 불꽃과 같이 어두운 세상을 지나며 살아가는 사람들은 불꽃처럼 타오르는 기도로 하나님 앞에 나아갈 수 있도록 준비된 사람들입니다.

불꽃 같은 치열한 열심으로 하나님의 영광을 위해 살아가기 위해서는 그 불꽃을 계속 타오르게 하기 위한 기름이 필요합니다. 간절한 기도의 눈물이 불꽃 같은 삶에 기름이 되고 그 눈물의 기도에 응답하시는 성령이 또한 기름이 됩니다. 그리하여 기도를 통하여, 간구의 영을 부으시는 성령을 통하여 우리는 꺼지지 않는 불꽃으로 어두운 세상을 살아갈 수 있게 됩니다.

그러므로 삶이 하나님을 떠나고 간절한 고백으로 살아가지 않는 사람이 간절하고 절박하게 기도한다는 것은 불가능합니다. 하나님을 향한 갈망도 없고 부르짖음도 없는 사람들이 간절하고 성결한 삶을 산다는 것은 불가능합니다.

교회의 역사를 보십시오. 하나님만을 위해서 살았고 그 나라의 실현을 위한 기도의 영을 마음에 불길처럼 소유했던 사람들은 모두 치열한 간절함으로 세상을 누비며 살았던 사람들이었습니다.

안일한 삶에도 기도의 영이 깃들까?

그들은 간절한 기도를 드리기 전에 간절하고 절박하게 살지 않을 수 없는 삶의 목표를 지닌 사람들이었습니다. 그렇기 때문에 그들은 간절히 기도할 수 있었고 그렇게 간절히 기도했기 때문에 그들의 삶은 절박하지 않을 수 없었습니다. 간절한 삶이 열렬한 기도를 불러왔고 열렬한 기도는 간절한 삶을 초래하였던 것입니다.

그러므로 여러분이 만약 절박하게 하나님 앞에 소망으로 하는 목표가 없다면, 그리고 그 목표가 하나님의 영광을 위한 것이 아니라면 여러분은 살았으나 살고 있는 것이 아닙니다. 살아 있는 기도는 살아 있는 성도들이 드릴 수 있는 기도입니다. "참과부로서 외로운 자는 하나님께 소망을 두어 주야로 항상 간구와 기도를 하거니와 향락을 좋아하는 자는 살았으나 죽었느니라"(딤전 5:5-6).

하나님과 신령한 교제를 누리고 탁월한 영적 축복 속에서 매일을 살았던 사람들은 매 순간 전능하신 하나님의 도우심이 절박하게 필요함을 고백하지 않을 수 없었습니다. 그래서 그들은 자신들이 행하고 있는 일과 살아가고 있는 삶의 모습이 정말 하나님의 마음에 합당한 것인지를 언제나 되물어야 했습니다. 왜냐하면 능력 있는 기도는 하나님과의 화목한 관계 속에서 비롯된다는 것을 알았기 때문입니다.

육체의 욕심을 따라서 안일한 삶을 살아가는 사람들에게는 그러한 절박한 하나님의 도우심이 필요하지 않습니다. 따라서 열렬한 기도의 영을 유지하면서 살아가는 일이 불가능합니다.

그들은 먼저 간절한 기도를 드리기 전에 하나님을 위하여 살지 아니하면 안 되는 절실한 삶의 목표가 있었습니다. 그 거룩하고 간절한 목표를 따라서 살아가기 때문에 절실하게 하나님의 도우심을 간구할 수 있었고, 그러한 기도 속에서 능력을 힘입어 불꽃처럼 살 수 있었습니다.

맺는 말

마음 깊이 하나님을 사랑하고, 하나님을 위하여 살려고 애쓴 사람들이 아니고는 능력 있는 기도의 영 속에서 살아간 사람들이 없었던 이유가 바로 그 때문입니다.

그러므로 우리는 기도의 능력을 잃어버린 교회와 우리 자신의 무기력의 근원을 파헤쳐야 합니다. 그리하여 우리의 기도만을 고치고자 하는 시도에서 겪는 모든 실패와 무기력을 몰아내고 거룩한 삶과 열렬한 기도의 세계를 동시에 회복해야 합니다.

왜냐하면 그런 사람들만이 하나님 나라의 회복에 도움이 되기 때문입니다.

기도하는 사람들에게 놀라운 변화가 일어나는 이유는 하나님께서 그 기도 가운데 거룩하게 하시는 영적인 영향력을 행사하시기 때문입니다. 따라서 중요한 것은 하나님과 대면하는 기도입니다. 기도의 최고 단계는 언어가 사라지고 하나님의 영의 신적 기운이 우리에게 미치는 것입니다. 거룩한 성품의 빛, 영광스러운 진리의 광채가 우리의 어두운 영혼을 비춤으로 그 영향을 육체를 입고 있는 우리들이 받는 것입니다. 우리는 그 속에서 거룩해지고 싶은 욕망을 갖게 되고 주님처럼 살고 싶어하는 간절한 마음을 얻게 됩니다.

제3장

거룩함에 이르는 한 길

"이 말씀을 하신 후 팔 일쯤 되어
예수께서 베드로와 요한과 야고보를 데리고
기도하시러 산에 올라가사 기도하실 때에
용모가 변화되고 그 옷이 희어져 광채가 나더라"

눅 9:28 - 29

하나님과만 만날 수 있는 구별된 곳

사람들은 기도의 응답을 받는 비결을 배우고 싶어합니다. 많은 그리스도인들이 능력은 탐하지만, 그 모든 것을 받는 가장 중요한 한 가지를 구하는 것은 잊고 있습니다. 그것은 바로 거룩입니다.

거룩하신 하나님께서는 거룩한 사람들과 교통하기를 원하십니다. 하나님께는 거룩하지 못한 더러운 사람들과 대면하는 것이 고통입니다. 그래서 거룩함이 없는 곳에서 하나님을 뵈옵는 것은 불가능합니다. 기도는 거룩한 사람들의 마음속에서 오가는 거룩한 교통입니다.

예수 그리스도의 생애 가운데 가장 신비한 장면 중 하나는 변화산 사건입니다. 예수님께서 기도하러 변화산에 올라가셨습니다. 그리고 그 길을 베드로와 요한과 야고보가 동행하였습니다.

예수 그리스도께서 여기저기 다니시면서 복음을 전하시고 주님 자신의 고백대로 머리 둘 곳 없는 생애를 사셨습니다. 그렇기 때문에 한 장소에서 기도하실 수가 없었습니다. 그럼에도 불구하고 복음서를 보면 예수님의 기도 시간은 대개 정해져 있었습니다. 새벽 미명과 깊은 밤이 그때였습니다. 여러 곳을 다니셨지만 상황 닿는 곳마다 정해진 시간에 기도할 곳을 택하여 하나님 앞에 간구하셨습니다.

예수님께서 어느 날, 후일 변화산이라고 일컬어지게 된 한 산을 택하셨습니다. 아마 예수님께 이때는 더 특별한 기도가 필요하셨던 것 같습니다. 그 산 속에는 보장된 고독이 있었습니다. 모든 일과 사람들로부터 방해받지 않으리라는 환경의 보장이 있었습니다. 그래서 그 산으로 올라가신 것입니다.

항상 쉬지 않고 기도하며 살아가기 위해서는 먼저 환경과 사람들로부터 떨어져서 하나님과만 대면할 수 있는 구별된 장소가 필요합니다. 정해진 기도 시간과 장소가 없다면 그는 거의 기도하지 않고 살아가는 사람일 것입니다.

우리가 주님과 교제하기 전에 중요한 것은 그렇게 보장된 고독한 시간과 외로운 장소가 확보되어야 한다는 것입니다. 살아가면서 언제나 기도하는 것은 가장 높은 수준의 영적 단계에 도달하는 사람들이나 누릴 수 있는 특권입니다. 그들도 언제나 기도의 영으로 살아가기 위하여 구별된 시간과 장소를 필요로 합니다.

예수 그리스도의 위대한 구속 사역은 언제나 기도의 징검다리로 성취되어 왔습니다. 요한에게 세례를 받으시고 성령이 비둘기같이 임하시며 하늘에서 하나님의 음성이 들리는 놀라운 일이 일어나기 바로 직전에 예수님께서는 무엇을 하셨습니까?

기도하셨습니다. 사도들을 세우실 때에도 기도하셨습니다.

이제 역사적인 순간이 다가오고 있었습니다. 잠시 후면 당하게 될 거룩한 영광의 고난을 앞두고 있었습니다. 엘리야와 모세와 대면하여 이 영광스러운 구속 사역에 대하여 의논하셨을 것입니다. 십자가의 고난을 앞두고 보다 깊고 신령한 하나님과의 교통을 위해서, 예수님께서는 고독이 보장되어 있는 산으로 올라가신 것입니다.

홀로 서기

하나님 앞에 간절히 기도하기 위해서는, 하나님과만 대면할 수 있는 마음이 필요하고 이러한 마음은 상당 부분 환경에 의하여 지배받는다는 사실을 잊지 말아야 합니다.

당신은 거룩하신 하나님과만 대면하기 위하여 고독을 필요로 하고 있습니까? 하나님의 존전에 홀로 서기 위하여 외로운 장소를 찾고 있습니까?

외로운 장소 속에서 외로워질 수밖에 없고 고독한 시간 속에서 두려움 이상 아무것도 느낄 수 없다면, 여러분의 마음에 하나님은 안 계시는 것입니다. 하나님과 깊은 교제를 누렸던 사람들은 고독을 영혼의 양식처럼 생각하였습니다. 외로운 장소를 하나님과 만날 복된 처소로 생각하였습니다.

그들이 그런 외로운 장소와 고독한 시간을 탐닉한 것은 아니었지만, 언제나 그 속에서 맛보는 하나님과의 구별된 교제가 고독이 가져다주는 두려움을 능가하였기에 그런 시간들을 소중하게 생각하였습니다.

오늘날과 같이 신앙에 있어서 영적인 특성과 하나님과의 인격적인 관계에 대한 특성이 무시되고 있는 시대에는 더욱 귀담아 들어야 할 진리입니다. 그러므로 하나님과 대면하기 위하여 고독한 시간과 장소를 찾으십시오. 그리고 그 고독한 환경과 시간 앞에서 자신을 성찰하시기 바랍니다. 그것이 하나님과의 깊은 교제와 영적인 시간으로 들어가는 첫걸음입니다.

변화되심

두 번째로는 그리스도께서 바로 이 산에서 용모가 놀랍게 변화되었다는 사실입니다. 얼굴의 형체가 변화된 것이 아니라 그 형체에서 풍기는 이미지와 인상과 실체가 변화된 것입니다.

우리는 여기에서 구약의 모세를 생각하지 않을 수 없습니다. 그가 시내산에서 하나님과 대면하고 왔을 때 용모가 변하였습니다. 예수 그리스도께서도 마찬가지입니다. 모세가 시내산에 올라간 것은 용모의 변화를 위해서가 아니라 하나님과의 교통을 위해서였습니다. 예수 그리스도께서도 역시 그러하셨습니다. 특별히 이때는 예수 그리스도께서 자신이 죽어야 할 때가 임박했다는 사실을 깨달으셨을 상황입니다.

그때는 주님께서 제자들에게, 자신이 십자가에 못박혀 죽고 살아나야만 세상 사람들이 구원받을 수 있을 것이라는 대속의 삶을 생생하게 교훈하고 난 직후였습니다. 예수 그리스도께서는 그때가 바로 기도해야 할 특별한 시기임을 아셨습니다. 구원받을 수많은 백성들의 생명과 기쁨을 위하여 아담과 하와의 타락 이래로 줄기차게 계속되어 온 하나님의 예언, 구약의 조상들도 그토록 사모하며 고대하였던 하나님 나라의 도래를 위하여 자신의 몸을 십자가에 버려야 할 때가 왔다는 사실을 아셨습니다. 그리고 그 일을 위하여 기도하고자 하셨던 것입니다.

기도하시는 예수님의 유일한 소원

예수 그리스도의 관심은 변화산에서 맛볼지도 모르는 위대한 영적 체험이나 권능, 하나님의 음성을 듣는 야망이 아니었습니다. 그분은 자신을 온전히 복종시켜 하나님의 거룩한 뜻을 모두 성취해 드리고 싶으셨던 것입니다. 성경에 기록된 대로 하나님의 말씀이 응하여 자신이 대속 제물로 드려지는 과정에서 사탄의 역사나 인간적인 불순종, 혹은 방해하는 자들을 통해서 하나님의 영광스러운 구원 계획이 방해받는 일이 없도록 하나님 앞에 자신을 드리는 기도로 나아가셨던 것입니다.

문제는 바로 이것입니다. 하나님 앞에 예수 그리스도께서 혼신의 힘으로 기도하셨던 것입니다. 자신의 영적 체험이나, 심지어는 응답을 받아야 되겠다는 열망 때문도 아니었습니다. 예수 그리스도께서는 자신의 기도를 통하여 아버지의 뜻이 모두 이루어지기를 원하셨던 것입니다.

아버지의 뜻이 이루어지면 자신은 어떻게 되어도 관계하지 않으셨습니다. 이러한 기도의 제목들을 가지고 변화산에 올라가셨을 때에, 예수 그리스도께서는 그곳에서 용모가 변화되고 그분의 옷이 눈처럼 희어지는 변화를 경험하시게 되었습니다.

그러나 변화되시다

변화산에 올라가셨을 때가 아니라 기도하셨을 때에 이러한 일이 일어났습니다. 산에 올라가서 하나님 앞에 간절히 기도하셨을 때 이런 일이 일어났습니다. 십자가를 앞두고 하나님께 드린 예수님의 기도는 예수 그리스도의 평소의 기도 생활의 깊이를 말해 주는 것이었습니다. 그리고 그 깊이 있는 기도는 그런 변화를 체험하게 하셨습니다. 이것은 우리의 영혼과 인격의 변화가 기도를 통해 일어난다는 사실을 보여 주고 있습니다.

말씀을 통해서 깨달은 바가 우리를 각성시켰다면 그 깨달은 바는 우리로 하여금 기도하게 합니다. 하나님의 말씀이 진실로 우리를 움직였다면 그 말씀은 우리로 하여금 기도하게 합니다. 깨달은 사실이 우리의 마음속에 깊이 들어와 우리로 기도하게 함으로써 삶과 인격을 움직입니다.

하나님 앞에 더 깊은 기도를 드리게 되면 그 기도 속에서 하나님의 말씀을 듣고 그에 대한 깨달음으로 자신이 깨뜨려지고 변화되는 것을 경험하게 됩니다.

기도의 거룩한 영향력

기도하는 사람들에게 이처럼 놀라운 변화가 일어나는 이유는 하나님께서 그 기도 가운데 거룩하게 하시는 영적인 영향력을 행사하시기 때문입니다. 따라서 중요한 것은 하나님과 대면하는 기도입니다.

우리가 아무리 많이 기도할지라도 하나님과 대면하는 기도 속으로 들어가지 아니한다면 우리의 인격과 생각에는 아무런 변화도 일어나지 않을 것입니다. 예수 그리스도께서 산에 올라가신 것은 기도하기 위해서였지만 그 기도가 깊어지자 하나님의 신적인 영향력이 예수 그리스도의 인격과 외모 속에 비쳐 왔습니다. 기도의 최고 단계는 언어가 사라지고 하나님의 영의 신적 기운이 우리에게 미치는 것입니다.

거룩한 성품의 빛, 영광스러운 진리의 광채가 우리의 어두운 영혼을 비춤으로 그 영향을 육체를 입고 있는 우리들이 받는 것입니다. 우리는 그 속에서 거룩해지고 싶은 욕망을 갖게 되고 주님처럼 살고 싶어하는 간절한 마음을 얻게 됩니다. 이것이 바로 변화산에서 일어난 일입니다.

보십시오. 하나님 앞에서의 간절한 기도는 우리의 인격을 변화시킵니다. 기도가 깊어지면 깊어질수록 기도의 영에 사로잡히게 되고, 그 영에 사로잡힐수록 우리의 참된 모습을 보게 됩니다. 기도에는 우리를 인격적인 경험을 넘어서서 거룩한 사람이 되어가도록 만드는 힘이 있습니다.

성경은 말합니다. "하나님의 말씀과 기도로 거룩하여짐이라"(딤전 4:5). 우리는 흔히 환경에 의해서 하나님께서 우리를 다듬으신다고들 하는데, 엄밀히 말해서 그렇지 않습니다.

환난과 풍파를 당하면서도 하나님 앞에 기도의 영을 유지하지 못하고 살아가는 사람들은 오히려 그 환난과 풍파 때문에 마음이 더 강퍅해지고 성품이 모질어지며 잔인한 생을 이어 가기 쉽습니다.

환경은 단지 수단일 뿐

환경 자체는 우리를 거룩하게 만들거나 성화시키는 힘이 없습니다. 그 환경을 통해서 하나님을 찾을 때 우리는 하나님의 성품을 배우게 됩니다. 환난을 많이 당했다고 하더라도 가슴 속에 남은 것이 맺힌 한밖에 없다면 그것이 하나님 앞에 무슨 의미가 있겠습니까?

스스로 자기의 가슴을 끌어안고 불쌍히 여길지 모르지만 하나님께서 보실 때는 다 쓸데없는 인간의 고집과 완악함과 패역함에 다름이 아닙니다. 기도의 세계를 유지하며 살아가는 사람들은 환난과 풍파 속에서도 하나님을 만납니다. 왜냐하면 그들은 풍파와 환난 속에서 그들을 부르신 하나님을 뵈옵기 때문입니다. 하나님과의 기도 속에서 삶이 바뀝니다.

성격이 급한 사람들이 온유해지고, 결단력이 없었던 사람들이 결단의 용기를 가지게 됩니다. 태만한 사람들이 분명한 삶으로 거듭나고, 판단할 줄 모르던 사람들이 시비를 가릴 수 있는 각성된 양심을 소유하게 됩니다. 아무리 영적인 변화에 대한 이야기를 많이 듣는다 할지라도 스스로 기도하지 않는다면 아무것도 아닙니다.

어떠한 변화도 그의 인격과 내면 세계 속에서 경험할 수 없습니다. 보다 영적인 삶과 보다 온전한 신앙 생활을 추구하고, 보다 깊은 하나님과의 만남을 위하여 하나님을 찾으며 기도할 때에 우리는 그 과정에서 우리 자신의 인격과 영성이 변화되는 것을 경험합니다. 하나님께서는 하나님을 추구하는 사람들 중 그 누구도 결코 빈손으로 돌려보내시지 않습니다.

참된 기도의 전수

마지막으로 우리는 예수 그리스도께서 기도하러 올라가실 때 베드로와 요한과 야고보를 데리고 가신 사실을 보면서 참된 기도가 어떻게 전수되는지에 대해 교훈을 얻게 됩니다.

기도 속에 나타나는 독특한 영적 경험은 우리가 말로 배울 수 없습니다. 성령이 기름부어 주심으로 기도의 시간을 통하여 맛보는 독특한 달콤함과 은혜의 감각들을 어떻게 필설로 전해 줄 수 있겠습니까? 그것은 불가능한 것입니다.

그러한 기도 속에서 누리는 영적인 축복은 명백하게 말로 표현할 수 없고 정의를 내릴 수도 없습니다. 그러나 우리는 복음을 전하거나 설교할 때 이런 것을 느낍니다.

어디로부터 오는지 혹은 그 존재가 무엇인지 의식할 수 없으나 달콤하고 강력하며 인간의 마음을 울리는 그 무엇이 우리의 말과 증언 위에 함께한다는 사실을 말입니다. 죽은 자와 방불한 사람들의 마음을 흔들고 격동시키는 놀라운 일들도 기도 속에서 맛볼 수 있는 경험입니다.

이런 것들은 가르쳐 줄 수 있는 것이 아닙니다.

그렇지만 오늘 보십시오. 예수님께서는 베드로와 요한과 야고보를 데리고 산에 올라가셨습니다. 기도를 가르쳐 주십니다. 거기에서 기도를 배운 사람들 중에 두 사람, 베드로와 요한이 바로 성전 미문에 앉아 있던 앉은뱅이를 고친 사람이었습니다.

기도로 산 사람들

위대한 사도가 되었음에도 불구하고 정해진 시간이 되어 성전에 기도하러 올라가던 그 사람들이었습니다. 그리고 이러한 기도의 축복은 예수 그리스도께로부터 배운 것이었습니다. 이처럼 주님께서는 이 땅에 계실 때 말씀을 가르치신 것만큼 기도를 가르치시기 위해서 힘을 쏟으셨습니다. 기도가 배울 수 있는 것임을 또 한편으로 보여 주신 것입니다.

우리는 예수 그리스도를 믿게 되는 순간부터 모두 주님이 교장이시며 선생으로 계시는 기도 학교에 입학하는 것입니다. 기도의 초보로부터 시작해서 영적인 세계를 계속 흔들어 놓을 수 있는 위대한 경지에까지 들어가게 됩니다.

하나님의 교회를 향하여 달려드는 어둠의 세력들의 이빨을 꺾고 하나님의 백성들을 살리기 위해 넘나드는 죽음의 파도조차 잠잠하게 할 뿐만 아니라 엘리야와 같이 하늘을 열고 닫을 수 있는 권능의 영성을 손에 넣을 수 있는 사람들은 기도 학교에 입학한 학생들 중 몇몇에 불과합니다.

무엇 때문입니까? 너무나 많은 사람들이 주님 앞에서 이 위대한 기도의 보고에 대해서 탐구하고 연구하고 배우는 기쁨을 맛보려 하는 대신에 손쉬운 방법을 통해 섬겨 보려는 유혹을 이기지 못하기 때문입니다.

예수 그리스도께서 기도를 가르쳐 주실 때에 책 한 권이나 말로 가르쳐 주지 않으셨습니다. 몸소 기도하시며 실천함으로써 기도를 가르쳐 주셨습니다.

교인들이 기도하지 않는 것은 목회자가 기도하지 않기 때문입니다. 자녀들이 기도하지 않는 것은 기도하는 어머니와 아버지를 보지 못하며 자라기 때문입니다. 그렇기 때문에 우리들은 기도를 실천하는 사람들만이 기도의 제자를 만들 수 있다는 사실을 배우게 됩니다.

맺는 말

우리는 이렇게 끊임없이 기도 학교에서 기도를 배워야 합니다. 예수 그리스도의 기도에 관한 교훈과 그것을 실천하며 살아가는 지도자들과 지체들을 보며 그들의 삶 속에서 우리는 기도를 배웁니다.

힘을 다하여 주님처럼 기도하며 살기를 소원하면서 자신을 훈련시켜 나갈 때 하나님께서는 예수 그리스도뿐만 아니라 우리 자신도 그 기도의 삶에서 변화되게 해주실 것입니다.

우리의 인격과 영적인 삶이 변화되어 환경을 바꿀 수 있는 위대한 힘과 능력을 부어 주시는 축복이 우리 모두에게 깃들기를 원합니다.

기도는 거룩에 이르는 한 길입니다.

위대한 기도의 능력, 신령한 영력은 하루아침에 생기는 것이 아닙니다. 여호수아가 한순간의 기도로 태양을 멎게 하였지만, 그것은 오랜 세월 동안 하나님 앞에 처절하게 매달린 기도 세계 속에서 맺혀진 열매였습니다. 얼마나 많은 일을 할 수 있는가는 결코 얼마나 오래 일하는가에 달려 있지 않습니다. 하나님께서 축복하신 사람, 하나님께서 권능을 부어 주신 사람은 한 세기 동안 이 세상의 모든 교회가 힘을 합해도 다할 수 없는 위대한 일을 하고 죽습니다.

제4장

짧은 기도에
큰 능력이
깃드는 비결

"여호와께서 아모리 사람을 이스라엘 자손에게
넘겨주시던 날에 여호수아가 여호와께 아뢰어
이스라엘의 목전에서 이르되
태양아 너는 기브온 위에 머무르라
달아 너도 아얄론 골짜기에서 그리할지어다
하매 태양이 머물고 달이 멈추기를
백성이 그 대적에게 원수를 갚기까지 하였느니라"

수 10:12-13

소경도 아는 영력

어느 교회에 앞을 못 보는 소경 목사님이 설교하러 갔습니다. 그는 설교자 자리에 앉아 있고 부목사가 사회를 보았습니다.

예배를 모두 마친 후 소경 목사님이 물었습니다. "오늘 사회를 보신 목사님이 누구요?"

"목사님, 제가 사회를 봤습니다." 부목사가 대답했습니다.

그러자 그 소경 목사님은 이렇게 말했습니다. "나하고 잠깐 방에 들어가서 이야기 좀 나눌 수 있겠소?"

영문을 모르는 젊은 부목사는 이 강사 목사님을 좇아 교회 사무실로 들어갔습니다. 나이가 몇 살인지 얼굴이 어떻게 생겼는지 이름이 무엇인지도 모르는 이 부목사를 향해서 앞을 못 보는 목사님이 말하기 시작했습니다. "이봐, 젊은 목사. 당신, 교역을 계속할 거야 그만둘 거야?"

갑작스런 질문을 받은 부목사는 영문을 모른 채 어안이 벙벙해졌습니다. 그래서 물었습니다. "목사님, 제가 혹시 목사님께 무슨 결례를 했습니까?"

그러자 이 소경 목사님은 그에게 권고하였습니다. "당신, 하나님을 만나 담판 지어야 해. 그렇게 하지 않으려면 교역을 집어치우고. 정말 제대로 하려면 하나님 만나 사생결단해야겠어."

그때까지만 해도 부목사는 그것이 무슨 소리인지를 몰랐습니다.

그러나 그 소경 목사님은 영적으로 깊이가 있는 목사였습니다. 기도하는 사람이었습니다. 그는 사회를 보고 기도하고 성경을 봉독하는 것을 들으며 그 부목사의 심각한 영적 결함과 거룩한 사역자로서 갖추어야 할 영적 능력이 부족하다는 것을 간파하였던 것입니다.

그리고 그 이유를 그의 부족한 기도 생활에서 찾았고 이 같은 사실을 충격적으로 권고한 것입니다.

태양을 멎게 한 기도

구약성경 중에서 본문에 기록된 기도의 기적처럼 흥미진진한 사건도 흔하지 않을 것입니다. 때는 여호수아가 가나안을 점령하기 위하여 파죽지세로 진군하던 때였습니다.

그들을 진멸하라는 하나님의 명령은 떨어졌고 이스라엘 군대의 사기는 충천하였습니다. 여호수아는 아모리 사람들을 치기 위해 달려 나갔습니다. 전투에 패한 아모리 사람들은 도망치기 시작했습니다.

사실 가나안 정복을 앞둔 하나님의 명령은 단지 땅을 정복하라는 것이 아니라 그 땅에 있는 거민들을 진멸하여 하나님 대신 심판하라는 명령이 포함된 것이었습니다. 그래서 여호수아는 그들을 멸하고자 추격하였습니다. 해는 점점 서쪽으로 기울고 있었습니다.

이제 어두워지면 여호수아와 그의 군대들은 더 이상 그 원수들을 추격할 수가 없게 될 상황이었습니다. 그렇게 되면 그들은 어둠을 틈타 어느 산지에 숨어 버릴 것입니다.

태양을 멎게 한 여호수아의 그 유명한 기도는 바로 이때 드려진 것입니다. "여호와께서 아모리 사람을 이스라엘 자손에게 넘겨주시던 날에 여호수아가 여호와께 아뢰어 이스라엘의 목전에서 이르되 태양아 너는 기브온 위에 머무르라 달아 너도 아얄론 골짜기에서 그리할지어다 하매 태양이 머물고 달이 멈추기를 백성이 그 대적에게 원수를 갚기까지 하였느니라……" (수 10:12-13).

저는 이러한 성경의 사실들을 과학으로 푸는 것에 대해서 별로 흥미가 없지만 언젠가 어느 과학 잡지를 보니까 과학자들이 이 문제를 풀려고 노력했던 기록들이 실려 있었습니다. 지구가 자전한 수치를 컴퓨터에 넣었는데 하루에 해당하는 시간이 모자란다는 결과가 나왔습니다. 다시 말해서 시간이 실종되었다는 것입니다.

그 과학자들은 이러한 의문에 대한 해답을 성경에서 찾았습니다. 여호수아의 기도로 태양이 멈춰 있던 시간과 히스기야의 기도로 일영표가 뒤로 간 시간을 합쳐 실종된 시간을 찾게 되었다는 것입니다. "선지자 이사야가 여호와께 간구하매 아하스의 해시계 위에 나아갔던 해 그림자를 십도 뒤로 물러가게 하셨더라"(왕하 20:11).

이것이 기도인가?

그런데 여호수아의 기도를 과연 기도라고 할 수 있을까요?

기도가 되려면 이렇게 되어야 하지 않습니까? "하나님, 저 태양을 멈추게 하옵소서." 혹은 "하나님, 바라옵건대 저 태양을 정지시켜 주시고 저 달도 움직이지 않게 하옵소서."라고 말입니다.

그러나 여기에서 여호수아는 이런 방식을 취하지 않고 바로 태양을 향하여 명령하였습니다. "……태양아 너는 기브온 위에 머무르라……"(수 10:12).

그런데 이러한 사실은 신약성경에도 등장합니다. 예수 그리스도나 사도 바울에게서 볼 수 있는 것입니다. 귀신 들린 자들을 그 두 분께서 어떻게 고치셨습니까?

"죽은 나사로를 살려 주시기를 간절히 기도하고 비옵나이다. 이루어 주시옵소서."

"하나님, 귀신 들린 이 자매를 고쳐 주시기를 간절히 기도하옵나이다."

이렇게 다루시지 않았습니다. 오히려 명령하셨습니다.

"나사로야, 나오라."

"귀신아, 그에게서 나오라."

이것은 기도의 변형된 한 형태입니다. 예수 그리스도께서는 하나님의 아들이시니까 그러실 수 있다고 할지라도, 엄밀한 의미에서 사도 바울이나 여호수아는 태양을 향해 명령하거나 귀신에게 명할 수 있는 권세가 없었습니다. 그렇게 명령하실 수 있는 분은 오직 예수님이나 하나님 한 분이셨을 것입니다. 그럼에도 불구하고 이들이 단지 우리와 성정이 같은 인간으로서 이렇게 명령하는 것은 하나님과 연합된 수준 높은 영적인 삶을 누리는 기도자들의 세계를 보여 주는 것입니다.

명령형의 기도

결국 영적인 면에서 보더라도 이러한 명령은 싸움을 위한 기도가 아니었다는 사실을 알 수 있습니다. 엄밀한 의미에서 판단할 때 예수님이나 사도 바울의 생애가 악령들과의 싸움이었다고 말하기에는 너무나 당당하였습니다.

"나오라."라는 한마디에 이미 죽어서 냄새 나는 사람이 살아서 걸어 나왔습니다. 죽음을 향해 명령하고, 귀신을 향해 지시하며, 환경을 향하여 명령하셨습니다.

풍랑 이는 바다를 향하여 예수님께서 무엇이라고 말씀하셨습니까? 하나님의 이름을 부르며 풍랑을 잠잠하게 해달라고 고요히 호소하는 기도가 아니었습니다.

아주 간단히 명령하셨습니다. "예수께서 이르시되 어찌하여 무서워하느냐 믿음이 작은 자들아 하시고 곧 일어나사 바람과 바다를 꾸짖으시니 아주 잔잔하게 되거늘 그 사람들이 놀랍게 여겨 이르되 이이가 어떠한 사람이기에 바람과 바다도 순종하는가 하더라"(마 8:26-27).

어떻게 길지도 않은 짧은 명령형의 기도로 하늘을 운행하는 태양을 멈추고 떠오르는 달을 정지시킬 수 있으리만치 위대한 기도의 세계와 능력을 갖게 되었는가 하는 문제를 검토해 보아야 합니다.

파격적인 상상

우리는 언제나 그것으로 드러난 아름다운 결과에 대해서만 주목하기를 좋아합니다. 아모리 사람들을 공격하기 위해서 추격하고 있을 때 시간이 모자란다는 사실을 이스라엘 모든 사람들이 인정하였습니다. 그러나 이렇게 담대하게 기도한 사람은 오직 한 사람이었습니다.

최후의 승리를 얻기에는 시간이 모자라는 상황을 모든 이스라엘 백성들과 전투에 참여한 군인들은 당연한 것으로 받아들였습니다. 그러나 여호수아는 하나님께서 태양을 멈추시면 시간이 연장되리라는 초자연적이고 파격적인 상상을 한 것입니다.

그런데 그것은 진리와 믿음에 기초한 상상이었습니다.

하나님께서 천지를 창조하시고 지금도 자신의 손으로 붙들어 운행하고 계신 사실과, 그 하나님께서 원하시면 모든 일들을 이루실 수 있음을 믿는 믿음이 가져온 파격적인 상상이었습니다.

기도자의 불신앙

제가 아는 목사님 한 분이 병석에 누웠습니다. 결국 병원에 입원해야 했습니다. 퇴원한 후 그는 제게 쓸쓸히 웃으면서 이런 말을 하였습니다. 당신이 아파 누웠을 때에 가족과 친지를 비롯해서 친구 목회자들이 많이 와서 문병을 했는데, 아무도 그를 위해서 함께 기도하자고 제안하는 사람이 없더라는 것입니다.

이러한 기도자의 불신앙은 사도행전에서도 발견됩니다.

야고보는 순교하였고 베드로는 옥에 갇혔습니다. 온 교회가 모여서 하나님 앞에 기도하고 있었습니다. 베드로를 구원해 주시도록 기도한 것입니다.

하나님께서 그 기도에 응답하셔서 옥문을 열어 주셨고 베드로는 기적적으로 탈출하여 나왔습니다. 그가 마가라 하는 요한의 어머니 마리아의 집에 도착하여 문을 두드렸을 때에도 그곳에서는 성도들이 함께 모여 베드로를 위하여 기도하고 있었습니다(행 12:12).

로데라 하는 여자아이가 문을 두드리고 있는 베드로의 음성을 듣고 문도 미처 열지 못하고 기뻐하며 베드로가 대문 밖에 서 있다고 하였습니다. 이때 그들이 보인 반응을 보십시오. "그들이 말하되 네가 미쳤다 하나 여자아이는 힘써 말하되 참말이라 하니 그들이 말하되 그러면 그의 천사라 하더라"(행 12:15).

그들은 힘써 기도하였지만 하나님께서 그 기도를 통하여 그렇게 기적적으로 역사하실 것이라는 신앙적인 기대가 없었습니다. 이러한 것이 바로 기도하는 사람들의 신앙 속에 깃들기 쉬운 불신앙입니다. 이런 일들을 많이 경험하면 경험할수록 우리는 우리의 신앙 생활이 속이 비어 있다는 사실을 깨닫게 됩니다.

짧은 기도에 큰 능력이 깃드는 비결

여호수아는 주님께 간구하는 정도가 아니라 하나님의 이름을 의지하여 명령하면 태양이 멈추리라는 사실을 확신하고 있었습니다. 실제로 그의 기도 속에는 그러한 능력이 있었습니다.

그러나 그가 이렇게 위대한 기도의 능력을 소유하기까지 어떤 준비가 있었는지를 주목하는 사람은 많지 않습니다.

출애굽기를 보십시오. "……모세는 진으로 돌아오나 눈의 아들 젊은 수종자 여호수아는 회막을 떠나지 아니하니라"(출 33:11).

이스라엘 백성들은 하나님의 진노 앞에서 존망의 위기를 경험하고 있었습니다. 그리고 모세는 이스라엘 백성들의 진 밖에 회막을 쳐 놓고 여호와를 경외하는 사람들이 거기에 가서 기도하도록 마련해 주었습니다. 그리고 그들로 와서 기도하게 하였습니다.

그들은 이스라엘 백성들 중 소수의 사람들이었습니다. 어느 시대에나 그러하듯이 소수의 사람들만이 하나님을 앙망하는 마음으로 하나님 앞에 간구하였습니다. 모세도 거기에 와서 신령한 기도를 올렸습니다.

기도가 끝난 후 모세조차 떠나갔지만 끝까지 떠나지 않고 회막을 지키며 남아서 기도하던 사람이 있었습니다. 그 사람이 바로 여호수아였습니다.

그는 모두들 떠난 외로운 회막을 홀로 지키며 이스라엘 백성들을 향한 은총을 다시 회복시켜 주시도록 하나님 앞에서 기도하였습니다. 이것이 바로 하나님께서 기도의 사람을 만드시는 방법입니다.

한 사람의 뛰어난 영적 인물은 결코 우연히 만들어지는 법이 없습니다. 하나님께서 모세의 뒤를 잇게 하실 지도자 여호수아는 이런 식으로 자신을 드리는 헌신 속에서 기도의 능력을 쌓아 갔습니다.

섬기면서도 허한 사람들

그러므로 영적으로 하나님 앞에 단련되는 가장 중요한 길은 기도하는 것만이 아닙니다. 기도가 거룩한 능력을 얻게 되는 것은 단지 열심 있는 기도를 통해서가 아닙니다. 하나님께서 맡겨 주신 거룩한 부르심을 따라 그분께 충성하며 헌신된 삶을 살고 하나님을 찾는 간절한 추구가 이러한 변화에 이르는 지름길입니다.

저는 교회를 열심히 섬기는 사람들 가운데 많은 사람이 하나님과 늘 만나고 기도 속에서 하나님을 경험하는 생생한 교제를 누리며 살아가지 못하고 있다는 사실을 발견하고 놀랍니다.

무엇 때문입니까? 그들은 하나님의 일을 위하여 부르심을 받았고 그 일의 주인은 하나님이십니다. 하나님께서는 그 일에 관심을 가지고 계실 것이고 그 일이 성공하면 하나님께서 영광을 받으실 것입니다.

그럼에도 불구하고 왜 그들에게는 섬기도록 부름을 받은 그 일 속에서 하나님을 만나는 생생하고 인격적인 체험이 없을까요? 무엇 때문에 그런 일들이 일어나게 되는 것일까요?

그것은 바로 하나님의 마음으로 섬김 앞에 서지 않기 때문입니다.

회막에서 기도하던 때에 여호수아는 그 당시 이스라엘에서 그리 뚜렷이 두각을 나타낸 큰 지도자가 아니었습니다. 그는 단지 모세의 수종을 드는 비서에 불과했습니다. 그럼에도 불구하고 이스라엘 백성들로부터 떠나시려는 하나님, 구원의 은총을 거두시려는 여호와 앞에서 안타까워하는 그의 중심은 모세의 마음과 다르지 않았습니다.

온 삶으로 추구하라

그는 영적인 아버지요 지도자인 모세를 통하여 기도를 배웠습니다. 그리고 모세와 같은 마음으로 하나님을 향한 거룩한 추구와 그 민족을 향한 하나님의 뜻과 결별할 수 없는 자신의 섬기는 처지를 숙명처럼 받아들이며 씨름하였습니다.

그에게 있어서 하나님께서 이스라엘을 향한 은총을 거두시는 것은 곧 자신이 비서로 수종 들고 있는 상관의 불행이 아니라 이스라엘의 불행이었으며 하나님의 고통이었습니다.

여호수아는 그러한 마음으로 회막을 떠나지 아니하였습니다. 그리고 거기서 하나님 앞에 기도하였습니다. 이렇게 자신을 바치고 하나님의 거룩한 뜻이 이스라엘 공동체 속에 성취되기를 사모하는 추구가 뼈를 깎는 열심으로 기도하게 하였고, 그러한 몸부림이 그를 기도의 사람으로 만들어 갔습니다.

오늘날 우리들의 섬김을 보십시오. 하나님을 만날 만한 섬김입니까? 삶으로 하나님을 추구하지 않는 사람들의 기도에 능력이 깃들 리가 없고, 마음을 하나님께 바치지 않는 사람들의 기도가 신령한 세계의 문을 열 수 없다는 것은 너무나 당연합니다.

마음에서 우러나온 언어만이 사람의 깊은 마음에까지 다다를 수 있고, 영혼 밑바닥에서 우러나온 기도만이 영이신 하나님께 이를 수 있습니다.

정말, 하나님을 찾습니까?

우리의 기도가 형식화되어 가고 메마르고 있는 것도 바로 이렇게 우리의 마음이 하나님을 향하지 않기 때문입니다. 우리의 마음은 삶의 초점을 따라가고, 기도는 마음의 초점에 맞추어집니다.

정말 뜨겁게 하나님의 마음으로 교회를 사랑합니까? 오늘날 조국 교회의 영적인 상황에 대한 위기를 느끼며 아버지께서 아파하시는 것과 같은 마음으로 공동체의 신앙적인 회복을 위해서 하나님 앞에 기도하고 있습니까? 하나님의 교회가 거룩한 부흥을 그리워하고 있습니까?

이 땅에 하나님의 은혜를 아는 지식이 충만하지 못한 것과 수시로 모욕받는 우리 하나님의 이름 때문에 상한 마음이 되고 있습니까? 주님의 거룩한 뜻이 이 땅에서 성취되지 아니하고 인간의 불의에 의하여 진리가 가로막힐 때(롬 1:18), 우리에게는 진노하시는 하나님의 마음에 대한 두려움이 있습니까?

하나님의 아름다운 계획이 성취되어 그분이 영광을 받으시기만 하면 우리 인생은 아무래도 상관없다는 고백이 우리의 삶 속에 있습니까? 성도로 부르심을 받았음에도 불구하고 그저 한 사람의 종교인으로 살아가는 자신을 대견하게 여기고 있지는 않습니까?

복음을 위하여 섬기도록 부름받은 일꾼임에도 불구하고 의식 없이 안일한 삶에 안주하고 싶어하는 어리석은 다수의 그리스도인들처럼 살고 있지 않습니까? 적당히 하나님의 사랑을 빌미 삼고 은혜의 교리를 볼모로 잡아 하나님을 향한 열심도 없고 거룩한 삶의 추구도 없이 나태하고 게으른 삶을 살고 있지 않습니까? 하나님의 교회를 바라보면서 그리스도께서는 고통스러워 하시는데, 우리는 단지 사소한 불평이나 늘어놓는 것으로 기도 시간을 대신하고 있지는 않습니까?

구슬에서 싹이 날까?

어찌하든지 하나님을 사랑하며 살아가려는 불붙는 열심도 없이 무너져 가는 교회들을 보고도 수수방관하면서 늘어나는 회중들의 수에 스스로 만족해 하는 사람들이 있습니다. 넉넉한 생활비와 유복한 목회 환경을 잃어버리지 않기 위하여 선명한 복음의 칼날을 갑 속에 감추고 사람의 귀에 거슬리지 않는 설교로 교회를 지켜 나가려는 사람들도 있습니다.

이런 사람들에게 하늘을 찢고 영계(靈界)를 뒤흔드는 기도의 능력을 기대하는 것은 구슬을 땅에 묻고 물을 주며 싹이 나기를 바라는 것처럼 어리석은 짓입니다.

위대한 기도의 사람들은 모두 자신의 전 존재를 하나님께 바친 사람들이었습니다. 하나님께서 그들을 사용하신 것은 결코 그들이 완전해서가 아니었습니다. 그들처럼 허물이 많고 온전하지 못한 사람도 흔치 않을 정도로 약점투성이의 사람들이었습니다.

그럼에도 불구하고 그들은 하나님을 섬기고자 하는 거룩한 소원에 불타는 사람들이었습니다. 온 존재가 하나님을 찾는 갈망 자체였습니다. 그리고 그러한 마음과 삶이 하나님 앞에서 그들을 귀하게 여김받게 하였습니다. 순결한 사람이 아니고는 거룩하고 열렬한 기도의 능력을 소유하지 못했던 것도 바로 이 때문이었습니다.

어느 부목사의 불평

신도시에서 급성장하고 있는 교회에서 있었던 일입니다.

부교역자들이 사무실에 모여서 매주 늘어나는 새신자들의 교적을 정리하고 심방 계획을 짜느라 분주한 시간을 보내고 있었습니다. 일에 시달리던 한 부목사가 이렇게 중얼거렸습니다. 그것은 자신도 의식하지 못하는 가운데 나온 혼잣말이었습니다. "에이, 왜 하필 우리 교회로만 이렇게 몰려오고 야단들이야……."

흑인들이 원주민인 한 선교지에서 사역하던 선교사가 전해 준 일화도 이와 유사한 것이었습니다.

어느 날 선교사들이 모여서 회의를 하다가 원주민 때문에 선교 사역에 어려움을 느끼고 있는 현실이 보고되었습니다. 그때 어느 선교사가 자신도 모르게 무심코 내뱉은 말이 몇 사람의 선교사들을 깜짝 놀라게 하였습니다. "에이, 그 깜둥이 새끼들이……."

두 사람 모두 무의식적으로 한 말이었지만, 그것은 평소에 그들이 어떠한 마음으로 섬기고 있었는지를 보여 주는 것입니다. 그들은 영혼을 섬긴 것이 아니라 일을 섬기고 있었으며, 하나님을 추구한 것이 아니라 선교 계획상의 목표를 추구하고 있었던 것입니다.

아무리 그 일이 고상한 하나님의 일이라 할지라도 하나님의 마음으로 하지 않는 것은 밥벌이에 지나지 않는 것입니다.

마음을 하나님께 고정하고

그래서 저는 신학교를 졸업한 후학들에게 늘 말합니다. "당신들이 부교역자처럼 섬기는 한, 섬기는 과정을 통해서 영원히 하나님을 만나 뵙지 못할 것입니다. 섬기는 기술은 늘지 모르지만, 섬김의 동기 자체의 변화를 경험하는 영적 변화는 꿈꾸지 마십시오."

거룩한 기도의 사람들은 남다른 방법을 소유했기 때문에 거룩한 기도의 삶을 살게 된 것이 아닙니다. 그들은 사람 자체가 달랐습니다. 하나님께서는 이런 사람들을 필요로 하고 계십니다.

교회가 필요로 하는 것은 더 많은 방법이나 더 좋은 조직, 인간이 개발해 낸 신기하고 기발한 성공의 이론이 아닙니다. 우리들의 교회에 필요한 사람은 성령이 쓰실 수 있는 사람, 즉 마음이 하나님께 고정되고 기도에 바쳐진 사람입니다.

성령은 방법을 통해서 우리에게 다가오지 않으시고 사람을 통하여 역사하십니다. 하나님의 거룩한 영은 기계 위에 임하지 않고 인격을 가진 사람 위에 부어집니다. 계획을 사용하시지만 계획 자체에 기름 부으시는 것이 아니라 하나님의 영광을 위하여 무엇인가를 계획하는 사람 위에 부어지는 것입니다.

능력은 어디서 오나?

오늘 여호수아를 보십시오. 한 번의 기도로 그런 위대한 역사를 일으킬 수 있으리라는 확신이 그의 마음에 있었습니다. 그에게는 당연한 확신이었는데 다른 사람에게는 도무지 상상할 수 없는 일이었습니다.

아모리 족속을 쳐서 멸하고자 하는데 어떻게 할 것인가에 대해 사람들은 적당한 대답을 구할 수가 없었습니다. 그러나 여호수아는 아주 간단하게 생각했습니다. 하나님께서 그것을 멈추게 하시면 된다는 것이었습니다.

기도하는 사람에게는 이처럼 상상 속에서나 가능한 일들이 하나님의 능력을 통하여 실현될 수 있다는 확신이 있습니다.

그리고 마음을 다한 명령형의 짧은 기도는 위대한 능력을 불러왔습니다. 해는 멎었고 원수들을 진멸하고자 하시는 하나님의 뜻은 성취되었습니다.

이러한 놀라운 기도의 능력은 어디에서 왔을까요? 그것은 단번에 이루어진 것이 아님을 우리는 앞에서 살펴보았습니다. 우리가 이 사건을 보면서 단지 그러한 기도의 능력을 나도 소유하고 싶다고만 생각한다면 그것은 '사모함'이라는 이름의 탐심입니다.

문제는 여호수아가 그런 놀라운 기도의 능력을 소유하기까지 실로 오랜 세월을 기도로 살았다는 것입니다. 기도 속에서 서서히 하나님의 말씀과 기도의 깊이를 경험하며 영적인 경험을 쌓아 갔습니다. 영적인 분별력들을 갖추어 갔고 하나님께서 얼마나 인간의 추측을 초월하여 역사하시는 전능하신 분이신지를 매일 매일 자신의 영적인 교제 속에서 경험하였습니다.

모세가 마지막으로 가나안 정복의 지도자직을 그에게 넘겨주고 죽었을 때에 이스라엘 백성들은 그야말로 대들보가 무너지는 것 같은 충격과 낙심을 경험하였을 것입니다. 그러나 그것은 사람들의 생각이었습니다.

모세가 마지막 죽기 전 여호수아에게 안수하였습니다. "모세가 눈의 아들 여호수아에게 안수하였으므로 그에게 지혜의 영이 충만하니 이스라엘 자손이 여호와께서 모세에게 명령하신 대로 여호수아의 말을 순종하였더라"(신 34:9).

여호와의 지혜의 영이 여호수아에게 충만하게 임하였고 그는 이제 새로운 시대를 이끌어 갈 새로운 지도자가 되었습니다. 모세와 함께해 주셨던 하나님께서 여호수아 시대에도 동일하게 함께하고 계시다는 사실을 속속히 보여 주셨습니다.

이스라엘 백성들은 가장 중요한 시기에 하늘과 같은 지도자를 잃었지만, 가나안 땅을 정복하는 그 모든 과정에서 여호수아는 모세가 생각나지 않을 정도로 훌륭하게 자신의 사역을 하나님과 이스라엘 앞에서 감당해 나갔습니다.

그리고 그러한 영적 지도력의 권위와 사역의 성공은 그의 기도의 능력에 기초하고 있었습니다. 그러한 기도의 능력은 실로 지루할 정도로 길고 고통스러운 준비 과정을 통해 얻어진 영적 추구의 열매였습니다.

지름길은 없다

우리 안에 이러한 기도의 능력이 깃들게 하는 데는 결코 지름길이 없습니다. 마땅히 고통을 지불하여야 된다는 것입니다.

앞에서 말씀드린 회막에서의 상황을 생각해 보십시오. 많은 사람들이 기도하러 그 회막으로 나아갔습니다. 그러나 다들 떠나갔습니다. 아마 밤이었을 것입니다. 낮에는 기도하고 밤에는 들어가서 밥도 먹고, 잠도 자고, 가족들과 함께 단란한 시간을 보냈을 것입니다.

그러나 여호수아는 모든 사람들이 다 떠나간 뒤에도 외롭게 그 회막을 홀로 지켰습니다. 육신을 가진 사람들은 모두 같은 것입니다. 추우면 따뜻한 곳에 눕고 싶고 배고프면 먹고 싶습니다. 고통스런 시간보다는 즐겁고 유쾌한 시간을 좋아합니다. 외로움보다는 함께 어울리며 살아가는 정다운 시간들이 더 좋습니다.

그러나 여호수아는 이것을 거스르며 살았습니다. 그의 안에 있는 하나님을 경외하는 마음이 그렇게 살게 하였습니다.

그는 한때 모세의 수종자로서 세월을 보내며 이 세상에서 위로받을 수 없는 마음을 안고 하나님의 교회와 하나님의 백성들 앞에 자신을 다 바쳐 헌신하였습니다.

그리고 그가 진실로 헌신된 사람임은 하나님 앞에 매달리며 기도하는 모습으로 드러났습니다. 그 고통스러운 헌신과 추구의 과정을 통하여 위대한 기도의 능력을 소유한 영적 지도자가 되어 가고 있었습니다.

그는 하늘을 명하여 해를 멈추게 하고 달을 하늘 위에 매달아 버리는 위대한 기도의 능력을 소유할 지도자로 서서히 만들어져 가고 있었던 것입니다. 우리들은 하늘에 멎은 달을 보며 그의 위대한 기도의 능력에 찬사를 보내지만, 능력의 사연은 이미 오래전부터 기록되어 오고 있었습니다. 하나님을 전심으로 섬기는 추구 속에서 말입니다.

그의 기도의 능력은 지름길을 통하여 얻어진 것이 아닙니다.

의욕이 있고 간절해도

평소에는 기도로 살아가지 않던 사람이 위기의 순간에 "주여, 믿사옵나이다.", "이 산아, 저리로 옮겨 갈지어다."라고 권위 있게 기도하는 것을 비난할 일은 아니지만 그 기도를 통하여 위대한 일들을 보리라고 확신하지는 못합니다. 의욕만으로 모든 것이 되는 것이 아닙니다.

포연이 자욱한 전쟁터를 셀 수 없이 많이 지나면서 퍼붓는 적군의 총격과 맞서고 위기와 시련 속에서 전력을 쌓아 적진을 섬멸하는 일에 백전노장이 된 기도의 용사들이 가지고 있는 의욕과, 이제 단지 어려운 상황 하나로 자극을 받아 기도의 전쟁터에 뛰어든 사람의 의욕이 어떻게 같을 수 있겠습니까?

두 사람이 모두 간절히 기도한다고 하더라도 간절함 때문에 기도의 능력이 동하는 것은 아닙니다. 두 사람의 기도가 가지고 있는 영적인 수준은 같지 않습니다.

우리는 우리 자신의 겉모습을 치장하는 일에 얼마나 많은 시간과 노력을 기울이고 있습니까? 사람들이 자신의 부를 쌓는 일을 위하여 열을 내는 것처럼 자신 속에 이루어지는 영적인 성품을 얻도록 노력한다면 그 기도의 세계에 얼마나 놀라운 변화가 오겠습니까?

명예를 탐하는 것만큼 영력을 사모한다면 사람들은 기도하지 아니하고는 배길 수 없을 것입니다. 충분히 기도하지 않으면서 자신의 영혼으로 하여금 높은 사명감과 거룩한 성품을 유지하도록 스스로를 조절하며 산다는 것은 불가능한 일입니다.

사역의 과정에서 일에 얽매이고 일 자체에 대한 열성적인 집착이나 의무감 때문에 상황에 익숙한 사람이 되어 가는 것은 영력을 죽이고 영성을 메마르게 하는 것입니다. 이런 삶에서의 기도는 마치 척박한 땅에 뿌려진 씨앗과 같습니다. 기도가 뿌리를 내리고 성장하려면 그 마음이 하나님께 기울어져 있어야 합니다.

숙명적인 의무

간절한 기도는 우리의 마음을 정결하게 하고 하나님을 향하여 어린아이와 같은 마음을 유지하게 합니다. 사람들을 향해서는 그들을 불쌍히 여기며 섬길 수 있도록 마음을 온유하게 합니다.

우리의 섬김을 거룩하게 하고 우리의 사역 속에서 열매 맺게 하는 영광스러운 기도는 우리의 온몸과 온 마음 그리고 온 인격으로부터 비롯됩니다.

우리의 삶 속에서 기도가 한편 구석으로 밀쳐진 하찮은 의무가 될 때 우리는 열심히 노력할지라도 하나님의 축복하심에 있어서 하찮은 사람이 됩니다. 그러므로 우리는 기도를 스스로 벗어 버릴 수 없는 숙명적인 의무로 받아들여야 합니다. 그리고 그것이 의무를 넘어서서 특권처럼 느끼게 될 때까지 우리 자신을 기도에 복종시키지 않으면 안 됩니다.

많은 사람들이 새벽 기도를 사모하면서도 새벽 기도에 헌신하지 못하는 것을 봅니다. 그 이유에 대하여 본인들은 여러 가지로 말합니다. 늦게 잠드는 시간이나 체질적으로 자신들이 새벽의 사람들이 될 수 없다고 투덜거리는 것도 봅니다. 그러나 생각의 차이입니다.

진심으로 새벽의 사람이 되기를 원한다면 새벽에 울리는 자명종 소리를 들으며 그것을 기도에로의 부름으로 의식하는 것입니다. 기도의 의무를 피할 수 있다고 생각하는 한 그는 결코 새벽 기도의 사람이 될 수 없습니다.

고단해도 종이 울릴 때 피할 수 없는 부담을 느껴야 하는 것입니다. 하루 새벽 기도를 빠졌다고 해서 무슨 큰일이 나는 것은 아닙니다. 그러나 정말 자신을 바치는 기도의 헌신 속에서 영력을 얻었던 사람들은 그 한 번을 큰일 나는 것처럼 생각했습니다.

조국 교회는 좀 더 강한 그리스도인들을 필요로 하고 있습니다. 따뜻한 방바닥에 기저귀나 차고 뒹굴며 젖병이나 물고 있던 그리스도인들이 아니라, 들판에서 맹수들의 울부짖음을 들으며 두 손을 높이 들고 하나님 앞에 기도하며 자라온 영적인 인물들이 필요합니다. 지속적으로 기도에 자신을 바치지 못하도록 방해하는 환경들과 싸우지 않으려는 사람들은 결코 영적인 인물이 될 수 없습니다.

기도를 통해 일하시는 하나님

보십시오. 위대한 기도의 능력, 신령한 영력은 하루아침에 생기는 것이 아닙니다.

여호수아도 그런 사람이었습니다. 한순간의 기도로 태양을 멎게 하였지만, 그것은 오랜 세월 동안 하나님 앞에 처절하게 매달린 기도 세계 속에서 맺혀진 열매였습니다. 하나님 앞에서 하나님만을 찾고 그 능력과 위대함만을 바라보며 자신을 준비하는 일에 기도로 헌신하였던 것입니다.

얼마나 많은 일을 할 수 있는가는 결코 얼마나 오래 일하는가에 달려 있지 않습니다. 하나님께서 축복하신 사람, 하나님께서 권능을 부어 주신 사람은 한 세기 동안 이 세상의 모든 교회가 힘을 합해도 다할 수 없는 위대한 일을 하고 죽습니다.

사람들은 언제나 방법을 찾아다니지만 하나님께서는 이렇게 기도의 세계가 준비된 사람들을 찾으십니다.

본문을 보면서 또 하나 깨닫게 되는 진리가 있습니다. "여호와께서 아모리 사람을 이스라엘 자손에게 넘겨주시던 날에……"(수 10:12).

히브리어 성경에는 이것이 완료형으로 되어 있습니다. 하나님께서 이미 이스라엘 백성들에게 아모리 사람들을 넘겨주셨다는 것입니다. 요즈음 말로 하자면, '하나님께서 아모리 사람을 이스라엘 자손의 밥으로 만드신 날에'입니다.

하나님께서 이미 이스라엘 백성들에게 아모리 족속을 넘겨주셨는데 무슨 기도가 필요합니까? 하나님께서 넘겨주신 사람들을 누가 구원할 수 있겠습니까? 만약에 그럴 수 있다면 이상하지 않습니까? 그러나 그렇지 않습니다. 하나님께서 우리에게 승리를 약속하셨어도 그 승리가 오늘 현재적으로 성취되게 하는 것은 기도를 통해서입니다. 약속하신 이가 하나님이시고 그 약속을 우리의 현재의 삶 속에서 성취하시는 분도 하나님이십니다.

하나님께서는 홀로 일하지 아니하시고 성도들의 기도를 통하여 위대한 일들을 이루어 가기를 기뻐하십니다. 그들에게 이 일을 이루시는 분이 바로 하나님이심을 보이시기 위함입니다. 하나님의 위대한 구원 계획은 모두 하나님의 손 안에 있습니다.

동시에 하나님께서는 그 위대한 계획을 이루어 가실 때, 기도하는 사람들도 만들어 놓으십니다. 그리고 하나님께서는 그들의 기도를 징검다리로 이용하사 하나님의 구원의 역사를 펼쳐 가십니다.

기차는 어디든지 다 갈 수 있습니다. 그러나 레일이 필요합니다. 공중에 레일이 깔리면 공중으로도 갈 수 있고 해저 터널을 뚫고 레일을 깔면 바다 속도 지날 수 있습니다. 기도와 하나님의 위대한 역사의 관계가 이러합니다.

하나님의 역사에 참여하는 특권

오늘 이 본문을 보면서 우리는 감사합니다. 무엇 때문입니까? 하나님께서 홀로 일하지 아니하시고 우리의 기도를 통해서 일하신다는 사실을 발견하기 때문입니다.

그러므로 기도는 하나님의 위대한 역사에 참여하는 특권입니다. 따라서 기도하는 사람들은 이 놀라운 특권들을 누리고 있는 사람들이며, 기도하지 않는 사람들은 이 특권으로부터 자신을 스스로 소외시킨 사람들입니다. 그래서 하나님의 마음으로 기도하는 사람들은 하나님의 위대한 일들의 성취와 영광스러운 역사를 함께 기뻐합니다.

하나님의 교회에 영광스러운 부흥이 일어날 때 가장 기뻐하는 사람들은 누구입니까?

교회의 부흥을 위해서 눈물을 흘리며 기도하던 사람들입니다. 그들은 바로 그날을 위하여 수많은 날들을 기도로 보냈습니다. 영광의 자리를 맛보기 위하여 고난과 시련의 수많은 날들을 보낸 사람들이기 때문에 그들은 그날을 가장 기뻐하는 것입니다. 그리고 그들은 기도로써 그날들을 기다려 온 것입니다.

오늘 성경은 이런 후기를 남기고 있습니다. "여호와께서 사람의 목소리를 들으신 이 같은 날은 전에도 없었고 후에도 없었나니……"(수 10:14).

하나님께서 우리와 함께하실 때 얼마나 위대한 일들이 일어났는지를 보여 주시는 것입니다. 이것이 바로 부흥입니다.

하나님께서 함께하시는 교회, 그래서 하나님이 얼마나 위대하신 분인지를 그 역사 속에 드러내 보여 주시는 것, 이것은 모두 하나님으로 말미암는 것입니다. 하나님께서 이 민족을 우리 교회의 손에 넘겨주시지 아니하시고는 복음의 승리를 기대할 수 없습니다. 땅이 변화되고 역사가 하나님 앞에 무릎을 꿇게 되는 영광스러운 역사는 하나님께서 이 땅을 조국의 교회에 넘겨주실 때 일어나는 것입니다.

우리도 사모하는가?

우리는 과연 그날을 얼마나 사모하고 있습니까? 그 거룩한 영광에 대하여 교회는 얼마나 마음에 두고 있습니까? 그 일을 위하여 얼마나 기도에 헌신하고 있습니까?

처절한 하나님의 마음을 가지고 어두운 삶을 불꽃처럼 살아가는 영광스러운 백성들을 세우기 위하여 부흥이 필요하다는 사실을 얼마나 절박하게 인식하고 있습니까?

우리는 과연 목멘 호소로 하나님 앞에 기도하고 있습니까? 이 황무한 땅에 그리스도로 말미암는 구원의 은혜와 정의의 강물이 흐르게 되기를 간절히 소망하며 간구하고 있습니까?

기도는 많은 신앙의 요소 가운데 하나일 수 없습니다. 이것은 하나님께서 자신의 거룩한 뜻을 불순종과 죄악으로 가득한 땅에서 이루어 가는 방법이며, 우리를 그 영광스러운 동역에 참여시키시는 하나님의 방법입니다.

하나님께서 이같이 사람의 목소리를 들어 주신 날이 전에도 없었고 후에도 없었다는 덧붙임은 이스라엘 백성들을 비롯한 여호수아와 하나님과의 사이에 누렸던 영적인 교통의 깊이와 축복을 보여 주는 것입니다.

그들은 불붙는 마음으로 죄악이 관영한 가나안 땅이 하나님의 땅이 되기를 사모하였습니다. 그들은 그 땅에서 하나님의 이름이 존귀히 여김을 받고 그 악한 자들을 진멸함으로써 하나님의 거룩한 공의가 펼쳐지기를 소원하였던 것입니다. 그들은 세상을 두려워하지 않고 하나님을 위해서 살아가는 사람들이었습니다.

두려움과 오만함

하찮은 것들에 대한 두려움과 마땅히 두려워해야 할 하나님에 대한 오만한 마음들이 하나님의 교회의 일을 그르치고 있습니다. 그리고 이러한 어그러진 우리의 태도로 말미암아 거룩하고 영광스러운 복음 승리의 사역이 방해받고 있습니다.

하나님 앞에서 기도하고 있는 사람, 그 기도 속에서 자신을 바치며 독특한 영적 특성과 영력을 소유해 온 사람들은 거친 세상을 정복할 수 있는 능력을 부여받았습니다. 그리고 그들은 두려워할 자를 마땅히 두려워하고 두려워하지 아니할 것을 조금도 두려워하지 않는 삶을 살았습니다. 왜냐하면 하나님의 권세가 그들과 함께하였기 때문입니다.

종교 개혁 시대에 파란만장한 삶을 살았던 설교자 존 녹스(John Knox)는 말년에 이런 말을 남겼습니다. "하나님, 나를 귀족 출신의 사제로 부르지 아니하시고 평민 출신의 설교자로 부르시며, 왕족과 같이 지내지 아니하고 진리와 함께 고난의 가시밭길을 걸어오게 하시니 감사합니다."

그가 죽은 뒤 묘비에는 이렇게 새겨졌습니다. "하나님 외에 누구도 두려워하지 않던 사람 존 녹스 여기에 잠들다."

하나님께서 함께하시는 사람, 위대한 영력으로 하나님의 거룩한 영광을 드러내는 승리의 삶을 살아가던 사람들은 오랜 세월 동안 육신의 즐거움과 세상의 안일을 포기하며 하나님 앞에 자신을 드려 온 사람들이었습니다. 매 순간 주어지는 영적인 훈련에 자신을 드리고 고난을 마다하지 않는 삶을 살았습니다. 오늘의 달콤함보다는 오늘의 고난을 통해서 온전히 성취될 아버지의 뜻을 기다리며 그렇게 하나님의 영광을 위해서 살았던 것입니다.

맺는 말

그러므로 우리는 짧은 기도로 태양을 멎게 하고 달을 정지시킨 여호수아를 바라보며, 마치 탤런트 지망생이 유명한 선배 탤런트를 바라보며 박수 치는 것처럼 대리 만족에 취한 사람들이 되어서는 안 됩니다.

우리는 여호수아가 이러한 놀라운 기도의 능력을 소유하게 되기까지 그가 마땅히 살아왔던 진지하고 영적인 삶의 방식을 기억해야 합니다. 그리고 매 순간 영광스러운 하나님의 도구가 되기 위하여 쓰디쓴 영적 시련의 길을 걸어가고자 과거 세상의 즐거움을 버리고 안일한 삶을 택하려는 육신적인 요소와 싸워야 합니다.

이러한 삶을 살아갈 때, 우리는 또 다른 여호수아가 되어서 이 시대의 불신앙의 죄악들을 멸하고 영광스러운 복음에 의하여 온 땅을 정복하는 하나님의 훌륭한 도구가 될 수 있을 것입니다.

기도하기 전에 우리는 불순종의 길에서 돌이켜 서야 됩니다. 삶이 기도와 하나되게 하여야 합니다. 기도는 삶의 자리를 반영하고, 삶은 기도를 투영하고 있어야 합니다. 습관적인 악에 빠져 있는 사람들은 신령한 기도의 세계로 들어갈 수 없습니다. 하나님께서는 습관적인 죄악이나 불순종의 길을 걸어가고 있는 사람들이 단지 악으로부터 떠나게 해달라고 기도하는 것이나 순종할 수 있게 도와 달라고 하나님 앞에 호소하는 것으로 만족하지 않으십니다. 하나님의 명령은 이것입니다. "악으로부터 떠나라." "불순종의 길에서 돌이키라."

제5장

누구를 위하여 기도 올리나?

"성령이 아시아에서
말씀을 전하지 못하게 하시거늘
그들이 브루기아와 갈라디아 땅으로 다녀가
무시아 앞에 이르러 비두니아로 가고자 애쓰되
예수의 영이 허락하지 아니하시는지라"

행 16:6 – 7

예수의 영이 허락하지 아니하시는지라

사도행전 16장은 바울의 두 번째 전도 여행의 시작을 기록하고 있습니다. 첫 번째 전도 여행 때 세운 교회를 돌아보고 다시 전도 계획을 세우는 장면이 나옵니다.

바울과 일행은 두 번째 전도 여행에서 더베와 루스드라에 이른 다음 아시아에 가고 싶어하였습니다. 아시아로 가서 복음을 전하며, 아마 지금의 중국 대륙 쪽에서 사역을 하고 싶어하였던 것 같습니다.

그들이 왜 이러한 전략을 택했는지 잘 알 수 없지만, 아마도 사도가 전도 여행을 통해 지중해 인근 지역들에 이미 많은 복음의 혜택을 주었기 때문에, 이번에는 복음이 전혀 들어가지 아니한 반대편으로 가고 싶어했던 것 같습니다.

그런데 성령이 아시아에서 말씀을 전하지 못하게 하셨습니다.

그들은 브루기아와 갈라디아 땅으로 따라가면서 무시아 앞에 이르러 비두니아로 가고자 애를 썼습니다. 그러나 예수의 영이 허락하지 않았습니다. 그래서 결국 마게도냐로 가게 되었다는 것입니다.

성경은 이렇게 기록하고 있습니다. "무시아 앞에 이르러 비두니아로 가고자 애쓰되 예수의 영이 허락하지 아니하시는지라"(행 16:7).

사도 바울을 비롯한 일행들은 전도 여행에 있어서 탁월한 사람들이었습니다. 소명에 충실한 사람들이었고 복음 전파를 위한 열망에 불타는 사람들이었습니다. 그들은 기도로써 자신의 갈 길을 인도받았습니다.

여러분은 사도가 교회에 편지할 때 자주 하나님께서 전도할 문을 열어 주시도록 기도해 달라고 교인들에게 당부하던 것을 기억할 것입니다(골 4:3). 여기에서도 이런 신앙의 고백을 가지고 선교하던 참이었습니다.

그런데 문제가 있었습니다. 성령이 아시아에서 말씀을 전하지 못하게 하셨습니다. 그런데도 바울과 그 일행이 복음을 전하려고 애를 썼습니다. 하나님께서는 그들이 비두니아로 가는 것을 원하지 않으셨는데, 그들은 비두니아로 가고 싶어 애를 썼었습니다. 우리는 여기에서 여러 가지 의문을 갖게 됩니다.

우선 첫째는, 왜 성령이 아시아에서 말씀을 전하지 못하게 하셨을까 하는 것입니다. 어디에 있는 영혼이든지 모두 하나님을 떠난 불쌍한 영혼들인데, 왜 예수의 영은 바울의 갈 길을 막아 비두니아에서 복음을 전파하지 못하게 하시고 아시아에서도 복음을 전하지 못하게 하셨을까요?

순수한 마음의 불순종

성경에 명백하게 금지되어 있는 것들, 이런 것들은 기도할 필요가 없습니다. 도적질하지 말라고 되어 있는 계명이 분명함에도 불구하고 남의 물건을 훔칠 것인가 말 것인가를 기도하는 것은 하나님을 기만하는 것입니다. 그것은 당장 즉각적인 순종을 요구할 뿐입니다.

그런데 오늘 문제는 다릅니다. 주님께서는 만천하에 다니면서 복음을 전하라고 명령하셨지 아시아에서만 전하라고는 하지 않으셨습니다. 오히려 예수님께서는 모든 족속에게 복음을 전하라고 부탁하셨습니다. 아시아도 비두니아도 마게도냐도 모두 주님께서 명하신 복음을 전파하여야 할 대상지였습니다.

사도 바울과 그 일행은 비두니아로 가서 교회를 세움으로써 개인적 이익을 챙기거나 육신의 영달을 도모할 의도가 없었습니다. 복음 전하는 일은 훌륭한 일이었고 그들의 동기도 순수하였습니다. 그런데도 성령은 그 일을 기뻐하지 않으신 것입니다.

우리는 여기에서 한 가지 사실을 깨닫게 됩니다.

동기가 순수하고 사심이 전혀 없고 하나님의 영광만을 위해서 살고 싶어 하는데도, 그것이 곧 순종하는 삶을 보증하지는 않는다는 것입니다. 오히려 지독한 아집은 인생을 하나님 앞에 바쳤다고 고백하는 헌신된 사람들에게서 더 잘 발견됩니다.

기도할 때에도 마찬가지입니다. 정말 자기가 유익을 얻고자 하는 사심이 없고 하나님의 영광만을 위하는 일이며 그 일의 성취를 통해서 하나님의 일을 하려는 순수한 마음임에도 불구하고 그 기도가 하나님께서 기뻐하시지 않는 기도일 수 있다는 것입니다.

이것은 우리로 하여금 기도에 대해서 새로운 생각을 갖게 합니다. 그러므로 기도에 있어서 가장 무서운 것은 자신의 아집을 버리지 않는 것입니다. 그리고 독선에 빠져 도무지 자신의 태도와 생각과 기도하는 내용을 하나님의 말씀에 비추어서 점검하고 하나님께서 자신이 기도하는 바를 기뻐하시는지에 대하여 검증하려고 하지 않는 것입니다.

주님의 마음을 분별하지 못한 불순종

또 하나 깨닫게 되는 진리는 이것입니다.

사도와 같이 영적으로 뛰어난 사람들에게도 예수 그리스도의 마음을 분별하지 못하는 한계가 있을 수 있었다는 것입니다. 바울과 그 일행들은 뛰어난 영적 인물들이었습니다.

그럼에도 불구하고 기도하며 애썼다고 했는데 무엇을 애썼습니까? 가고 싶어서 애를 썼는데 비두니아 공안 당국이 그들로 하여금 돌아다니지 못하도록 족쇄를 채웠습니까? 복음을 전하려고 아시아 쪽으로 가려고 애를 썼는데 국교가 단절되어서 문이 닫혔습니까?

그렇지 않습니다. 그들은 애를 썼고 그것은 행동만이 아니라 기도도 그러했을 것입니다. 이전에 그러했던 것처럼 열심히 기도하면서 선교 전략을 세우고 구체적으로 어떻게 복음을 전할 것인지 마음과 노력을 다하여 애를 썼을 것입니다.

그럼에도 불구하고 예수의 영은 그들의 선교 계획을 허락하시지 않았습니다.

우리의 기도가 소모적인 기도가 되지 않기 위해서는 기도의 양이 문제가 아니라 하나님께 순종하는 기도가 되어야 합니다.

우리가 기도하며 애쓰는 일이 잘 성취되지 않고 방해를 받을 때, 우리는 그것이 정말 하나님께서 원하시는 것인지에 대한 근본적인 질문을 다시 해야 할 필요가 있습니다.

만약 우리가 계속해서 하나님의 마음을 바로 읽지 못하고 불순종의 길을 걸어간다면 하나님께서 슬퍼하십니다. 하나님께서 명백히 금지하신 명령들을 범함으로써만 하나님께서 슬퍼하시는 것이 아닙니다. 하나님의 마음을 올바로 읽지 못함으로 그릇 행하는 것도 사실상 불순종입니다.

그리고 그러한 삶도 하나님께는 고통입니다. 이렇게 지속적으로 불순종하는 사람들에게는 기도의 영이 메마르는 일들이 일어납니다. 영적인 생기가 사라지고 분별력이 떨어지는 일들이 일어나게 됩니다.

그러나 오늘 본문에서 다루고 있는, 하나님의 마음을 올바로 읽지 못한 불순종은 고의성이 있는 범죄는 아니었습니다. 그들의 동기는 순수했습니다. 그럼에도 불구하고 그들의 복음 사역은 정지되었습니다. 흔히 경험할 수 없는 복음 사역의 정지 상태가 나타난 것입니다.

여기에서 우리는 기도하는 사람이 하나님 앞에 소극적인 의무뿐만 아니라 적극적인 의무에 있어서도 얼마나 순종해야 하는지를 보게 됩니다. 우리에게는 하나님께서 금하시는 것을 행하지 않을 소극적인 의무가 있을 뿐만 아니라 주님께서 명하신 것을 적극적으로 행하여야 할 의무가 또한 있습니다. "그러므로 형제들아 내가 하나님의 모든 자비하심으로 너희를 권하노니 너희 몸을 하나님이 기뻐하시는 거룩한 산 제물로 드리라 이는 너희가 드릴 영적 예배니라 너희는 이 세대를 본받지 말고 오직 마음을 새롭게 함으로 변화를 받아 하나님의 선하시고 기뻐하시고 온전하신 뜻이 무엇인지 분별하도록 하라"(롬 12:1-2).

겸비할 이유

바울과 그의 일행을 보십시오. 그들은 헌신되었습니다. 복음을 전함에 있어서 아무런 사심도 없었고 복음 전파와 영혼의 구원과 하나님의 영광을 구하는 것 외에는 모든 것을 버렸습니다.

죽음이 기다린다고 할지라도 기꺼이 아시아로 달려갈 준비가 되어 있는 사람들이었으며, 순교가 기다린다고 할지라도 마다하지 않을 사람들이었습니다. 그럼에도 불구하고 그들은 하나님의 뜻을 분별하지 못하고 있었습니다. 그러므로 우리는 언제든지 겸비해져야 합니다.

하나님의 거룩한 영광과 그 나라를 위하여 살아가야 할 의무감에 불타면서도 이렇게 우리의 무지로 인하여 분별력을 잃어버리고 불순종의 길을 걸어갈 수도 있다는 사실을 기억하여야 되는 것입니다.

우리의 소견으로는 문제가 되지 않을 것이라고 생각되는 그러한 일들을 통하여 우리의 마음속에 기도의 영이 마르고, 우리를 위해 간구하시는 성령을 슬프시게 하는 지속적인 불순종 가운데 있을 수도 있습니다.

죄를 버리라

기도에 있어서 선행되어야 할 것은 태도보다 자리입니다. 다시 말해서 얼마나 간절히 기도하느냐가 고려되기 전에 먼저 하나님께서는 기도하는 사람이 온전히 순종하는 자리에 서 있기를 원하신다는 것입니다.

기도 속에서 하나님과의 깊은 교제를 맛보기 위하여는 먼저 우리가 하나님께서 서 있기를 원하시는 삶의 자리로 가야 합니다. 지속적으로 불순종하는 자리에 서 있는 사람의 기도가 깊고 간절할 수 있다면 그것은 성령이 주시는 기도의 깊이가 아닙니다.

우리는 명백히 가르치고 있는 성경의 교훈을 거스르고 불순종하는 삶의 자리로부터 돌이켜야 합니다. 그것은 죄입니다.

우리의 기도에 깊이를 더하시고, 우리와 같이 땅에 속한 성품을 가진 자들의 영혼 안에 하늘의 본성을 일깨워 거룩하신 하나님과 교통을 갖게 하고, 영광스러운 하나님의 임재가 있는 교제로 들어가게 하는 것은 성령이 하시는 일입니다. 그리고 그 성령의 은혜로운 영향력은 죄와 함께 있을 수 없습니다.

하나님의 성령은 구별된 마음에 오십니다. 하나님을 향하여 바쳐진 순결한 마음에 성령이 오셔서, 우리가 기도 속에서 뵈옵기를 사모하는 하나님이 완전하고 거룩하신 분이심을 드러내십니다.

그럼에도 불구하고 우리는 들릴라의 무릎을 베고 눕는 불순종과 죄악의 달콤한 즐거움과 하늘로부터 부어지는 거룩한 기도의 능력을 동시에 누리고자 합니다. 그러나 그러한 불순종과 죄악을 미워하고 소스라치게 놀라 돌이키는 마음 없이는 결코 기도 속에서 하나님을 뵈올 수 없습니다.

대부분의 사람들이 기도는 하지만 거룩한 기도의 능력을 맛보지 못하는 이유는 죄와 불순종에서 돌이켜 서는 정결함이 없기 때문입니다. 그들이 간절히 기도할지라도 그 간절함은 단지 기도자의 감정상의 문제입니다. 하나님의 보좌에 이르는 살아 있는 기도를 드리는 자들의 간구 속에 깃든 간절함은 하나님의 성품이 주는 영향에서 비롯된 거룩한 정서의 간절함입니다.

반짝이는 모든 것이 금이 아니듯이 기도의 정서도 그러합니다.

십자가와 기도

따라서 기도로 나아가는 데 있어서 죄에 대한 심각한 인식은 필연적으로 우리를 십자가의 도리로 인도합니다.

죄에 대한 진지한 견해를 가진 사람들만이 십자가의 도에 대한 진지한 이해를 가질 수 있습니다.

십자가를 통하여 이루신 그리스도의 고난이 우리의 죄로 말미암은 것이었음을 깨닫게 됨으로써 죄에 대한 심각한 인식을 갖게 합니다. 그리고 자신을 정결하게 하는 길을 십자가의 보혈에서 발견합니다. 단지 죄를 사하고 거기로부터 정결함을 입을 뿐 아니라, 죄를 이기는 신령한 능력도 공급받게 되는 것입니다.

이것이 바로 역사적으로 뛰어난 기도의 사람들이 십자가의 도리를 묵상하는 데 있어서도 탁월했던 이유입니다. 참된 부흥이 오기 전에 하나님께서 기도의 사람들을 세우시고, 그들이 기도의 사람으로 세움을 받기 전에 한결같이 복음에 대한 깊은 체험을 갖게 되었던 것도 이와 무관하지 않습니다.

두 가지의 불순종

우리가 하나님께 순종하는 그 자리에 서 있을 때 기도의 능력이 나타나는 것은 분명합니다. 그러나 여기서 이 문제도 두 가지로 나누어서 생각을 해야 합니다.

하나는 명백하게 성경에 제시되어 있는 명령을 어기며 지속적으로 불순종하는 것입니다. 이러한 죄악 된 삶이 기도를 능력 있게 하지 못한다는 것은 너무나 자명합니다.

그가 누구이든 그 같은 악한 길을 떠나지 아니하면 깊고 능력 있는 기도로 들어갈 수 없습니다. "내 이름으로 일컫는 내 백성이 그들의 악한 길에서 떠나 스스로 낮추고 기도하여 내 얼굴을 찾으면 내가 하늘에서 듣고 그들의 죄를 사하고 그들의 땅을 고칠지라"(대하 7:14).

또 한 가지 경우가 바로 오늘 본문이 다루고 있는 것과 같은 불순종입니다. 바울과 그의 일행은 마게도냐로 선교하러 가기를 우려하시는 예수 그리스도의 마음을 읽지 못했습니다. 그들은 자신들이 준비한 계획대로 아시아로 가고자 하였습니다. 그리고 그것도 불순종이었습니다.

하나님께서는 우리의 인생에 있어 큰 길만을 정해 놓으신 것이 아니라 작은 길도 인도하는 분이십니다. 우리가 인생의 크고 작은 모든 문제들을 결정해 버려서는 안 되는 이유가 바로 이 때문입니다. 하나님께서 기뻐하시는 사람은 항상 하나님께서 기뻐하시는 선택을 하는 사람입니다. 하나님의 사람에게 있어서 하나님의 뜻보다 더 중요한 가치는 없습니다.

최고의 가치는 하나님의 뜻

바울과 같이 뛰어난 성령의 사람들도 이 같은 신앙의 이치를 따라 살았습니다. 오늘날 대부분의 그리스도인들은 자신의 삶에 있어서 하나님의 뜻을 그리 중요하게 생각하지 않습니다.

그러므로 주님께서 우리에게 가르쳐 주셨던 세 번째 기도, "뜻이 하늘에서 이루어진 것같이 땅에서도 이루어지이다."를 영혼 깊은 곳의 목마름으로 간구할 수 있는 사람은 이미 부흥을 경험했거나 혹은 경험하고 있는 사람입니다.

오늘날 십계명을 범하는 것을 교통 경관에게 범칙금 스티커 한 장 발부받는 것보다도 두려워하지 않는 그리스도인들이 깊은 기도와 성령에 의해 인도받는 삶을 통하여 드러나는 숨겨진 하나님의 뜻과 의도를 헤아리고 거기에 순종하며 산다는 것은 오늘날의 신앙의 풍조로 볼 때 비현실적인 이야기처럼 들릴지 모릅니다.

그리고 이러한 실상은 바로 하나님을 마음에 두기 싫어하고 우리의 삶에 대하여 행사되는 하나님의 주재권을 거부하는 불신앙에서 비롯되는 것입니다.

본문에서 '애쓰되'라고 한 표현은 의심의 여지없이 기도를 포함하는 것입니다(행 16:7). 자신들이 이루고 싶어하는 선교 계획을 따라 애쓴 여러 가지 인간적인 도모와 방법을 포함하는 기도를 뜻하는 것입니다. 그들은 애썼지만 소용없었습니다.

그들은 먼저 하나님의 마음을 읽어야 했고 하나님께서 원하시는 바가 그 길이 아니었다는 사실을 깨달아야 했습니다. 그들의 관심은 복음 전파였지만 하나님의 관심은, 그들이 하나님의 뜻에 순종하는 것이었습니다. 그리고 그 뜻은 아직 드러나지 않고 있었습니다.

기도는 삶과 어우러질 때 마음을 실은 간절한 기도가 될 수 있습니다. 바로 거기에서 기도의 능력이 나타나고 역사와 변화가 일어나는 것입니다. 삶이 하나님께서 기뻐하시는 자리에 있지 않으면 아무리 자기가 불순종의 자리에 있을 수밖에 없다는 사실을 변명한다 할지라도 그의 삶은 성령을 따라 사는 삶이 아닙니다. 그런 사람들에게 기도의 능력이 나타날 수 없습니다.

불순종의 길에서 돌이키라

그러므로 기도하기 전에 우리는 불순종의 길에서 돌이켜 서야 됩니다. 삶이 기도와 하나되게 하여야 합니다. 기도는 삶의 자리를 반영하고, 삶은 기도를 투영하고 있어야 합니다.

지금 여러분이 있는 자리가 하나님께서 원하시는 자리가 아니라면 먼저 거기로부터 떠나 하나님께서 원하시는 자리로 돌아가야 합니다.

습관적인 악에 빠져 있는 사람들은 더더욱 신령한 기도의 세계로 들어갈 수 없습니다. 하나님께서는 습관적인 죄악이나 명백한 불순종의 길을 걸어가고 있는 사람들이 단지 악으로부터 떠나게 해달라고 기도하는 것이나 순종할 수 있게 도와 달라고 하나님 앞에 호소하는 것으로 만족하지 않으십니다.

하나님의 명령은 이것입니다.

"악으로부터 떠나라."

"불순종의 길에서 돌이키라."

하나님께서 역사하지 아니하시고 우리를 떠나시면, 우리는 승리하는 삶을 살아갈 수 없습니다. 교회를 움직이시고 교회로 하여금 이 험한 세상에서 파도를 헤치며 승리의 진군을 하게 하시는 힘은 하나님의 성령으로부터 말미암았습니다.

만약 성령이 원하시는 바와 그의 도우심을 기도하는 우리가 원하는 바가 배치된다면 우리는 기도를 능력 있게 하시는 성령의 후원을 힘입을 수 없습니다. 그러므로 능력 있는 기도 생활을 위하여는 기도자가 비둘기처럼 순결할 뿐만 아니라 뱀처럼 지혜로울 것이 요구됩니다.

마게도냐로 보내심

오늘 바울과 그의 일행을 보십시오. 그들이 비록 하나님 앞에 사심이 없고 순수한 동기를 가졌지만 하나님의 마음을 헤아리지 못하니까 순종할 수 없었고 그들이 순종하는 자리에 있지 못하니까 전도를 위한 승리의 진군은 좌절되었습니다.

우리는 하나님께서 왜 아시아 쪽이 아니라 마게도냐를 통해서 유럽 쪽으로 먼저 복음이 전해지게 하셨는지 분명한 이유는 알 수 없습니다.

그러나 선교학자들의 대체적인 의견은, 만약 이 복음이 아시아 땅으로 들어가서 중국으로 갔다면 우리나라를 통해 태평양을 건너야 하는데 우리나라 일본 정도에서 그쳤을 것이라는 것입니다. 그리고 미신과 이교들이 무성한 중국 지역을 통과하면서 뒤틀린 복음으로 변질되었을 것이라는 것입니다.

그 깊은 경륜이야 알 수가 없지만, 아무튼 하나님께서는 마게도냐에 복음이 전파되기를 원하셨습니다. 그 나라는 바로 그 유명한 헬레니즘의 본산지였습니다. 바울 당시 시대는 로마 시대였지만 문화는 헬라 문화에 뒤덮여 있었습니다.

마게도냐에 들어간 복음은 당시 통일된 언어인 헬라어를 통하여 로마 제국 전체에 널리 퍼져 나갈 수 있었습니다. 헬라 문화권에 있는 사람들이 복음의 혜택을 받을 수 있게 문을 연 것입니다.

하나님의 일하심에는 실수가 없습니다. 믿음은 이러한 하나님의 선하시고 은혜로우신 섭리를 확신하는 것으로 입증됩니다.

하나님의 마음에 집착하라

보십시오. 사람들은 기도하며 살아간다 하면서도 하나님의 의도를 바로 깨닫지 못하기가 일쑤입니다. 자신들의 계획과 생각과 판단을 세워 놓고 하나님께서 그것들을 후원해 주시기를 원하는 식의 기도가 유행하고 있습니다.

하나님의 사역은 하나님의 마음을 반영하는 것이어야 합니다. 하나님께서는 자신의 사역을 감당하는 우리를 후원해 주실 뿐만 아니라 이를 친히 계획하시는 분이십니다.

하나님께서는 우리의 기도가 하나님의 일을 추진하는 도구가 되게 하십니다. 또한 우리의 기도를 하나님의 주권과 하나님의 계획을 세우는 도구로 삼기를 원하십니다.

결국 하나님께서는 이상(異像) 가운데 마게도냐 사람들을 보내시고 그들을 통하여 바울과 그 일행을 깨닫게 하십니다. 그리하여 그들이 하나님께 순종하며 복음을 전하기 시작하자 하나님께서는 이미 그들 앞에서 복음의 문을 열어 놓고 준비하고 계셨다는 사실이 드러났습니다.

하나님의 영광스러운 역사가 이 일을 통하여 이루어졌던 것입니다.

하나님께서 기뻐하시는 방향으로

그러므로 기도의 간절함과 기도의 능력, 사모함, 끈질김, 이 모든 것들도 중요하지만 한 번쯤은 우리의 삶 자체가 정말 하나님께서 기뻐하시는 방향으로 가고 있는지, 인생에 대해서 생각하고 있는 나의 계획이 정말 하나님께서 바라시고 기뻐하시는 것인지 다시 생각할 수 있어야 합니다.

삶 자체를 전면적으로 검토하고, 하나님께 은혜를 구하는 삶 속에서 그 은혜가 궁극적으로 우리의 어떤 것을 위해 기여할 것인지에 대해 점검하는 일도 필요합니다.

그러므로 점점 기도가 약해지고 확신과 능력에 찬 열렬한 기도의 영을 유지할 수 없을 때에 단지 부족한 기도의 양만을 생각하지 말고, 한 번쯤은 그러한 기도의 간절함들을 상실한 이유가 혹시 불순종 때문은 아닌지 점검해야 합니다.

그리고 하나님의 뜻을 분별하도록 힘을 기울여야 합니다. 더욱이 성령 안에서 기도하며 살아가고 있다고 자부하는 사람들에게는 더더욱 필요한 점검입니다.

결국 우리는 하나님께서 기뻐하시는 뜻이 무엇인지를 분별하기 위해서 어떠한 대가도 지불할 수 있는 그러한 마음을 가진 사람들이 되어야 합니다. 오스왈드 스미스(Oswald Smith) 목사는 이렇게 말했습니다. "나는 매 순간 나 자신에게 묻는다. 하나님께서 내가 이 일을 하는 것을 기뻐하시는가? 지금 내가 여기 서 있는 것이 하나님께서 기뻐하시는 것이라고 확신하는가?"

그에 의하면, 기도보다도 이 질문에 대한 대답이 더 중요하다는 것입니다. 하나님께서는 내가 여기 서 있는 것을 기뻐하지 않으시고 내가 하고 있는 이 일을 즐거워하지 않으시는데 그 앞에서 간절히 기도하는 것이 무슨 의미가 있겠습니까?

그러므로 우리는 자신을 돌아보아야 합니다. 삶은 결코 기도를 떠날 수 없습니다. 결국 삶을 위해서 기도하는 것이고 기도하기 위해서 또한 살아야 하는 것이기 때문입니다.

우리 안에 메말라 가고 있는 기도의 능력과 고사(枯死) 직전에 있는 교회의 영성은, 삶의 목표와 초점이 하나님을 떠나고 하나님의 법 성취하기를 즐겨 아니하는 불순종의 결과입니다.

우리가 기도하지 않을 뿐 아니라, 우리가 지금 서 있는 자리가 온전한 순종의 자리가 아니기 때문에 기도의 영이 메마르고 있습니다.

맺는 말

그러므로 삶에 대한 관심으로부터 이탈된 기도의 능력에 대한 관심은 영적인 탐심과 호기심일 뿐 아무것도 아닙니다. 살기 위한 기도가 아니면, 기도하기 위한 준비로서 살아가는 삶이 아니면, 둘 중 아무것도 하나님을 위하여 기여할 수 없습니다.

우리의 기도의 영이 마르지 않고 능력으로 더욱 충만하기를 원한다면 우리는 온 삶으로 매 순간 하나님께서 기뻐하시는 자리에 서야 합니다. 눈은 하나님의 거룩한 보좌의 영광에 고정되고, 마음은 그분의 뜻이 자신의 삶 속에서 온전히 이루어지기를 바라는 갈망으로 가득 차야 합니다.

하나님의 명예를 위하여 자신을 모두 바칠 수 있는 마음으로 삶의 다양한 목표들을 하나님의 뜻에 복종시킬 수 있어야 합니다. 그렇지 않으면 기도하는 것도 실상은 자신의 욕심을 이루기 위한 방편에 지나지 않을 것이기 때문입니다.

삶은 기도를 떠날 수 없고 기도는 삶을 넘어설 수 없습니다.

당신은 순종하고 있습니까? 하나님의 뜻의 성취를 위해 살고 있습니까?

하나님께 순종하는 사람들은 기도하지 않을 수 없습니다. 세상이 하나님께 순종하도록 도와주지 않기 때문입니다.

예수 그리스도께서는 친히 이 일의 본을 보여 주셨습니다. 그분이 보여 주신 치열한 순종의 삶은 열렬한 기도의 동력이었습니다. 하나님께서는 그분의 기도를 들으신 것처럼 그분의 삶을 받으셨습니다.

한 사람이 하나님께 기도할 때 그는 자신의 전인격과 이제껏 살아온 모든 삶을 가지고 하나님 앞으로 나아가는 것입니다. 그리스도의 보혈의 공로 안에서 말입니다. 그러므로 깊고 능력 있는 기도를 올리기 원한다면, 먼저 하나님께 순종하는 삶을 살아야 합니다.

기도는 전인적이고, 전존재적인 활동입니다. 기도는 우리의 모든 것이 참여하는 영적 활동입니다. 거기에는 우리의 삶이 반영됩니다. 마음이 토대가 되고 사랑이 역사해야 진정한 기도를 드릴 수 있습니다. 하나님의 뜻에 대한 간절한 애착과 아버지의 원하시는 바가 자신을 통하여 온전히 이루어지기를 염원하는 갈망도 필요합니다. 하나님께서는 기도를 통하여 자신의 뜻을 이루시지만, 단지 열심히 간구하는 사람들을 통해서가 아니라 스스로 기도를 통하여 이 땅에서 하나님의 뜻을 이루는 도구로 자신을 바친 사람을 통해서 그 뜻을 이루십니다.

제6장

간절히
기도하고
싶은데

"무엇이든지 구하는 바를 그에게서 받나니
이는 우리가 그의 계명을 지키고
그 앞에서 기뻐하시는 것을 행함이라"

요일 3:22

간절히 기도하고 싶어요

어느 날 수요 예배가 끝난 후 강단을 내려올 때 한 형제가 저에게 면담을 요청해 왔습니다. 성도들을 모두 보내고 제 방에서 함께 대화를 시작하였습니다. 초면의 그 형제는 제게 이렇게 물었습니다. "목사님, 간절히 기도하고 싶은데……어떻게 해야 간절히 기도할 수 있을까요?"

그때 저는 되물었습니다. "간절히 살고 계십니까?"

저의 질문을 들은 젊은이는 먼 곳을 쳐다보며 잠시 깊은 생각에 잠겼습니다.

신앙에 있어서 모든 요소들은 하나하나 동떨어져서 이해될 수 있는 것이 아닙니다. 모든 것은 서로 유기적으로 연결되어 있습니다. 많은 사람들이 열심히 기도하고 싶어하고 능력 있는 기도 생활을 이어 가고 싶어하지만 실패하는 이유도 바로 기도의 이러한 특성을 바로 이해하지 못하기 때문입니다.

기도와 삶은 나뉘지 않습니다. 한 신자의 삶은 그의 인격이 그린 궤적이고, 인격은 그가 하나님을 대면한 흔적입니다. 하나님을 깊이 사랑하는 인격이 하나님을 위해 치열하게 사는 삶의 비결이고, 간절한 삶이 간절한 기도의 비결입니다.

전 존재적인 기도

우리가 잊지 말아야 할 사실이 있습니다. 기도는 전인적이고, 전 존재적인 활동입니다. 기도는 우리의 모든 것이 참여하는 영적 활동입니다.

거기에는 우리의 삶이 반영됩니다. 마음이 토대가 되고 사랑이 역사해야 진정한 기도를 드릴 수 있습니다. 하나님의 뜻에 대한 간절한 애착과 아버지의 원하시는 바가 자신을 통하여 온전히 이루어지기를 염원하는 갈망도 필요합니다. 그렇게 기도자의 전인(全人)이 참여하는 영적 활동이 기도입니다.

따라서 아무리 열심히 기도한다고 하더라도 그 기도가 진정으로 능력을 발휘하는 바쳐진 기도가 되기 위해서는, 기도자가 전적으로 '하나님의 사람'이 되어야 합니다. 하나님께서는 기도를 통하여 자신의 뜻을 이루시지만, 단지 기도하는 사람들, 열심히 간구하는 사람들을 통해서가 아니라 스스로 기도를 통하여 이 땅에서 하나님의 뜻을 이루는 도구로 자신을 바친 사람을 통해서 그 뜻을 이루십니다.

기도는 이 같은 전 존재적인 특성을 가지고 있기 때문에, 단지 기도만을 간절하고 능력 있는 것으로 바꾸고자 하는 사람들은 끝없이 실패와 좌절을 경험하게 됩니다.

그러므로 우리는 자신의 마음과 삶과 하나님을 향한 관계는 도무지 고치려 하지 아니하고 오직 자신의 기도만을 고쳐 보려는 사람들이 기도 속에서 맛보는 끝없는 거절감과 부르짖어도 영혼의 울림이 되지 아니하는 실패를 조금도 이상한 것으로 여기지 아니합니다.

그들이 아무리 '간절히 간구하는 기도는 반드시 응답된다.'라는 교리의 한 조각을 붙들고 기도한다 할지라도 그 복된 교리가 자신에게 적용되지 아니하는 현실을 아는 데는 불과 몇 달도 걸리지 않습니다.

기도가 기도자를 만든다

따라서 반대 방향에서 생각해 보면, 제대로 변화된 기도는 반드시 그 거룩한 영향이 기도하는 사람의 전 존재에 미칩니다.

그러므로 세속을 사랑하는 마음, 구별되지 아니한 헌신, 의심하는 마음, 악을 버리지 못하는 집착, 마음이 나뉘는 것 등은 모두 능력 있는 기도 생활을 이어 가는 사람의 기도 세계 속에서 추방되어야 할 것들입니다.

기도하는 것은 사람이 하는 일이지만 그것은 동시에 거룩한 일이고, 거룩한 일은 거룩한 사람이 행할 때 그 영광이 가장 잘 드러나는 법입니다.

기도자의 삶이 하나님 앞에서 간절하지 않으면, 그는 간절한 기도로 그분께 나아갈 수 없습니다. 그러나 그가 하나님 앞에 전적으로 자신을 드린 가운데 기도에 바쳐진 사람으로 간구하고 있다면, 필연적으로 그렇게 기도하는 사람은 기도 가운데 그 기도의 정신으로 거룩한 변화를 경험하게 될 것입니다.

자신의 삶은 도무지 바꾸려고 하지 않으면서 단지 열정적이고 능력 있는 기도의 세계만을 사모하는 것은 신앙이라는 이름의 탐욕에 불과합니다. 왜냐하면 기도가 기도자를 만들고, 기도자가 기도를 규정짓기 때문입니다. 오늘 본문은 이러한 진리를 아주 풍부하게 보여 주고 있습니다.

사도 요한은 말합니다. "무엇이든지 구하는 바를 그에게서 받나니……"(요일 3:22).

사도는 오늘 무엇을 구하든지 그에게 기도하는 바를 주님께로부터 받는다고 고백하고 있습니다. 그리고 그렇게 기도에 있어서 응답을 받는 이유에 대해서 이렇게 말합니다. "……이는 우리가 그의 계명을 지키고 그 앞에서 기뻐하시는 것을 행함이라"(요일 3:22).

기도 응답의 이유를 단지 열렬히 구하는 기도의 방식이나 태도에서 찾지 아니하고 삶에서 찾고 있음을 보여 줍니다.

우리는 흔히 기도에 있어서의 열정, 격렬하고 뜨거운 간구의 모습 같은 것들이 기도 응답의 유일한 조건인 것처럼 생각합니다. 그러한 기도에 대한 오해는 기도에 관하여 매우 총체적인 오류를 만들어 내고 있습니다.

기도 응답의 새 조건

그런 점에서 볼 때 오늘 사도 요한의 기도 응답의 요건은 매우 새로운 것입니다. 그는 두 가지로 말하고 있습니다.

첫째는 기도자가 그 계명을 지키며 살아가는 것이고, 둘째는 하나님께서 기뻐하시는 것을 행하는 것입니다. 즉 사도에 의하면 기도 응답의 요건을 두 가지로 강조할 수 있는데, 하나는 적극적인 것이고 또 하나는 소극적인 것입니다.

소극적으로는, 하나님께서 이미 명령하신 계명들을 지키며 사는 기도자의 기도가 응답된다는 것입니다. 그리고 적극적으로는, 하나님께서 기뻐하시는 바가 무엇인지를 찾아서 행하는 삶을 가지고 있는 기도자의 기도가 하나님의 응답에 가까이 있다는 것입니다.

세속적인 욕망을 가지고 살아가는 변화되지 않는 사람들, 삶의 목표와 가치가 새로워지지 않는 사람들에게 단지 간절하고 열렬한 기도를 하기만 하면 그것을 통해서 모든 것이 응답될 수 있으리라고 가르치는 것은 신앙이라는 이름의 미신입니다.

요점은 이것입니다. 기도자는 먼저 하나님의 계명을 지키며 살아가는 사람입니다. 그가 무슨 기도를 어떤 방식으로 하느냐보다도 중요한 것은 기도하는 그 사람이 누구냐 하는 것입니다. 기도의 방식은 그 다음 문제입니다.

그 사람이 하나님을 경외하고 그분의 기뻐하시는 일을 행하는 사람이라고 할지라도 간절하고 열렬히 기도해야 합니다. 그런 기도에 능력이 깃듭니다.

그러므로 하나님 앞에서 정말 간절히 기도하고 싶어하는 사람들은 자신의 삶을 돌아보아야 합니다. 그리고 계명을 지키며 살아가는 삶, 하나님을 기쁘시게 하는 생활에 대한 깊은 애정을 가져야 합니다. 오직 하나님을 위하여 치열하게 살아가고 싶어하는 거룩한 열망을 가져야 합니다.

이런 것들은 상관하지 않고 단지 밀어붙이는 기도로 하나님을 항복시키고자 하는 것은 어리석기 짝이 없는 일입니다.

나를 사랑하면 나의 계명을 지키리라

사도 요한은 이 점을 매우 분명히 하고 있습니다.

"너희가 나를 사랑하면 나의 계명을 지키리라"(요 14:15).

사도 요한은 예수 그리스도의 이 말씀을 분명히 기억하고 있었습니다. 하나님을 사랑하면 그 사랑은 그분이 명하신 계명을 지키는 것으로 나타난다는 것입니다. "나의 계명을 지키는 자라야 나를 사랑하는 자니 나를 사랑하는 자는 내 아버지께 사랑을 받을 것이요 나도 그를 사랑하여 그에게 나를 나타내리라"(요 14:21).

사랑의 관계는 인격적인 관계입니다. 이 사랑의 관계를 통해서 우리는 우리의 기도가 하나님께로 올라가고 또 하나님께서 말씀하시는 바를 들을 수 있다는 사실을 기억해야 됩니다. 기도에 있어서도 하나님과 우리와의 관계는 이처럼 인격적이라는 사실을 기억해야 합니다. 그런데 사람들은 이 인격적인 접근을 매우 힘들어 합니다. 이러한 인격적인 관계가 성립되고 그 관계 속에서 사랑하는 사이가 되기 위해서는, 단지 구하고 받는 거래 관계 이상의 인격적인 사랑의 관계가 하나님과 우리 사이에 정립되어야 하는 것입니다.

그리고 그 관계가 개선되기 위해서는 자신의 모든 삶과 존재의 모습이 하나님 앞에 노출되어야 하고 그것을 통해서 잘못되어진 하나님과의 관계가 바로잡혀 가야 하는 것입니다.

무거운 부담

단지 기도를 통하여 구하려고 하는 바를 얻어내고자 하는 사고방식을 가지고 있는 사람들에게는 기도에 대한 이 같은 성경적 접근이 너무 커다란 부담으로 다가오게 마련입니다. 원하는 것을 얻기 위하여 자신의 은밀한 삶을 송두리째 하나님께 드러내며 그분과의 관계를 교정받아야 한다는 것은 마치 환자가 수술대 위에 오르는 것과 같은 고통을 가져올 수 있습니다.

하나님 앞에 그 관계를 새롭게 하고자 하는 총체적인 점검이 동반되지 아니하고는 결코 기도의 능력을 회복할 수 없다는 것처럼 명백한 사실은 없습니다. 신앙 생활을 하면서 때로 어떠한 문제이든지 하나님 앞에 간절하게 기도할 때가 있었습니다. 그리고 그때에는 우리가 어떠했는지 생각해 보십시오. 그때 우리의 마음은 하나님께로 바쳐졌습니다.

우리가 비록 기도하게 된 동기는 개인적이었을지 모르지만, 기도할 때 그 마음은 하나님께로 향하고 있었습니다. 우리가 구하는 것은 응답보다도 오히려 하나님 자신이었습니다. 이런 관계에서는 깊고 확신 있는 기도가 간절히 드려질 수 있습니다.

이러한 총체적인 변화를 통해서 우리는 비로소 보다 더 깊은 기도의 영으로 들어가게 되는 것입니다. 그러므로 이 점을 언제나 명심하십시오. 삶이 하나님 앞에 변화되고 그 삶을 살아가게 하는 인간의 마음 자체가 새로워지지 아니하고는 기도의 능력은 요원한 것입니다.

따라서 우리 주위에서, 왜 기도를 하고 있는 사람들만이 충만한 능력과 영력 있는 기도의 생활을 유지하는지를 이제는 알 수 있게 됩니다.

하나님께 고정된 삶

분명한 사실은 이것입니다. 하나님께로부터 오는 충만한 영력과 능력 안에서 기도 생활을 이어 가고 있는 사람들은 삶이 하나님을 향하여 고정된 사람들입니다. 그리고 그렇게 살아가는 사람들이 매우 소수이기 때문에 기도하는 사람은 많지만 그 기도 속에서 능력을 경험하며 생생한 교제를 나누며 살아가는 사람들은 많지 않은 것입니다.

먼저 하나님과의 인격적인 관계의 개선이 있어야만 거기에서 기도가 힘을 얻게 되고 하나님의 응답을 경험할 수 있습니다. 다시 말하면, 하나님과의 사랑의 관계가 회복되어야 능력 있는 기도를 할 수 있다는 것입니다.

그런데 사람들은 이를 하기 싫어하고 어려워합니다. 차라리 불교에서처럼 3,000번을 절하고 응답받는 게 훨씬 더 쉬운 것 같다고 생각하기도 합니다.

예배를 드렸는데도 중요한 질문은 계속됩니다. 예배를 통해서 인격적인 하나님을 만났느냐 하는 것입니다.

헌금을 했지만, 그때 하나님께서 단지 헌금을 했느냐고 물으시는 것이 아니라 네가 나를 사랑하느냐고 물으시면 대답이 어려워지는 것입니다.

교회에 봉사를 열심히 하고 있느냐 하고 물으시면 대답이 그래도 쉽겠지만 그 섬기는 동기가 나를 향한 사랑이냐고 물으시면 대답은 쉽지 않은 것입니다.

계명을 지키는 삶

먼저 사도는 계명을 지키는 삶에 대해서 말하고 있습니다. 이것은 명백하게 하나님께서 성경을 통해서 우리에게 제시해 주신 명령들을 따라 사는 삶을 의미하는 것입니다. 명백히 금지하고 있는 바를 행하지 않고 주님께서 명하신 바를 실제로 순종함으로 행하는 삶, 이것이 바로 계명을 지키는 삶입니다.

만약에 우리가 명백하게 하나님의 계명을 어기고 반복적이고 습관적인 죄악 가운데 있다면 우리는 결코 기도의 능력을 회복할 수 없을 것입니다. 그러므로 기도의 능력을 회복하고자 하는 사람들은 먼저 하나님의 말씀에 대해서 관심을 갖지 않으면 안 됩니다.

그 말씀이 자신을 향하여 지시하는 바를 깨닫는 일이 선행되어야 합니다. 그 말씀의 거울 앞에 자신의 삶의 모습을 비추어서 그 삶이 기도자로서 적합한지를 점검하여야 합니다.

신실하신 하나님 앞에서 불순종하며 계명을 어기고 살아가는 삶을 반성하고 회개하는 진실한 뉘우침이 동반되지 않는다면 그 기도는 결코 깊어질 수 없습니다.

신비가 아니라 삶입니다

많은 사람들은 기도의 수준이 깊어지는 것을 신비하게만 생각합니다. 그리고 그 기도의 수준은 하나님께서 어느 순간에 신비한 방법으로 영적인 은사를 부어 주셔서 갑자기 높아지는 것이며, 따라서 영력 있는 기도 생활을 이어 가는 사람들은 이런 점에서 즉시 좋은 특권을 부여받은 사람들이라고 생각하는 경향이 있습니다.

그러나 그런 생각은 진실한 것이 아닙니다.

끝없는 도전과 시련 속에서 하나님의 계명을 따라 살려고 애쓰며 노력하는 자기 갱신을 통해 기도는 활기와 생명을 얻게 되는 것입니다. 물론 하나님께서 그렇게 기도하는 사람에게 어느 순간에 더 큰 영적인 능력을 부어 주셔서 마치 타오르는 불에 기름이 끼얹어진 것처럼 열렬하고 탁월한 기도의 세계로 만들어 주실 수 있습니다.

그러나 기억하십시오. 사람이 보기에 뛰어난 기도의 영을 소유하고 있는 것 같은 사람들도 하나님 앞에서는 그렇지 않을 수 있다는 사실을 말입니다. 이러한 사실은 예수님 시대의 바리새인들이나 서기관들의 기도를 보아서도 알 수 있습니다.

그들의 근엄하고 경건한 기도의 모습은 백성들을 주눅 들게 하였습니다. 그들의 거룩하리만치 구별된 기도의 모습은 죄인들로 하여금 부끄러움을 느끼게 만들었을 것입니다.

그러나 그것은 사람이 보기에 그러했고 하나님 앞에서는 아무 능력도 감동도 불러일으키지 못하는 죽은 기도였습니다.

그러므로 먼저 종교적 외형을 중시하는 사고방식을 버려야 합니다. 정직하게 하나님의 말씀 앞에서 기도자의 진정한 모습이 무엇인지를 이해해야 합니다. 또한 무엇을 통해서 기도의 능력을 얻게 되는지에 대해 귀를 기울여야 합니다. 계명을 지키며 살아가는 삶이 없이는 기도의 능력도 없다는 사실은 분명합니다. 그러므로 깊은 기도로 들어가기 위해서는 먼저 하나님의 말씀에 귀를 기울여야 합니다.

나는 누구인가?

먼저 하나님의 말씀이 자신을 어떤 사람이라고 말하고 있는지에 마음을 써야 합니다. 그리고 잃어버린 순종과 지속적인 하나님을 향한 불순종과 방황의 태도들을 그치지 않으면 안 되는 것입니다.

자신의 문제와 기도의 제목을 주목하는 대신 하나님의 성품을 주목하고 그분이 자기에게 어떤 사람이 되라고 요구하시는지에 귀를 기울이는 노력이 필요합니다.

그러므로 깨닫는 마음이 없는 상태에서 기도하는 것보다는 깨달음이 있고 그것을 통해 하나님의 마음을 이해한 상태에서 하나님께서 기뻐하시는 기도 제목들을 발견하여 기도하는 것이 가장 좋습니다. 그 사람의 기도가 바뀌는 것과 함께 그 사람 자신이 변화될 것이기 때문입니다.

기도를 간절히 하는 것에 관심을 가지고 기도 응답을 기대하며 하나님 앞에 나아갔지만 그렇게 바른 방법으로 기도를 추구하다 보면 자신의 인격이 거룩해지고 삶이 성화되는 것을 발견하게 됩니다. 그리고 이것이 바로 기도로 우리를 부르시는 하나님의 숨겨진 의도이기도 합니다.

기뻐하시는 것을 행함이라

사도는 단지 거기에서 그치지 않습니다. 한걸음 더 나아가서 사도는 하나님께서 기뻐하시는 것을 행하는 것이 기도 응답의 비결이라고 덧붙이고 있습니다. 이것은 우리로 하여금 단지 하나님의 계명을 지키는 것 이상의 삶이 요구된다는 것을 보여 줍니다.

토레이(R. A. Torrey) 목사는 당시 미국인들 가운데 일반화되어 있는 춤과 카드놀이를 열렬하게 반대한 사람이었습니다. 사실 춤을 추지 못하게 하거나 혹은 카드놀이를 하지 말라는 계명이 성경에 있는 것은 아닙니다. 그럼에도 불구하고 그리스도인이라면 그런 것들을 반드시 집어치워야 한다고 강변하였습니다.

그의 요지는 이것입니다. 모든 사람이 술 먹고 춤추고 하는 것을 일반적인 문화로 여기며 그 안에서 생활하고 있다 할지라도 자신에게는 그 일을 하나님께서 기뻐하실 것이라는 확신이 없다는 것입니다. 술 먹고 가정 안에 만들어진 지하 바에서 외간 남녀가 서로 끌어안고 춤을 추면서 무슨 경건한 생각을 하겠느냐는 것입니다.

비록 그들이 적극적으로 범죄하지 않는다고 할지라도 그 모습 자체가 결코 하나님께서 기뻐하시는 모습일 수 없다는 것입니다. 카드놀이도 마찬가지입니다.

삶에 성공한 사람들

순결하고 영력 있는 기도 생활을 이어 가고 있는 사람들은 모두 특별한 삶의 사람들이었습니다. 다른 사람들보다 훨씬 공들인 기도만 한 것이 아니라 공들인 삶을 살았습니다. 순간순간 자신의 삶의 모습을 하나님께서 기뻐하시는가를 점검하며, 적극적으로 하나님께서 기뻐하고 즐거워하시는 일을 찾아서 살아가고 싶어하였던 것입니다.

하나님의 계명을 지키고, 나아가서는 하나님께서 기뻐하시는 바를 적극적으로 행하며 하나님께서 기뻐하시지 않는다고 생각되는 삶의 모습을 기꺼이 버릴 수 있는 사람들이 기도의 영력을 유지할 수 있었습니다.

그러나 이것이 얼마나 어려운 일인지 생각해 보십시오.

분명하게 규정되어 있는 "하지 말라."라는 계명을 지키면서 성경대로 사는 일도 쉬운 일이 아닌데, 거기에서 한걸음 더 나아가 하나님께서 기뻐하시는 바가 무엇인지를 찾고 그것을 행하며, 자신의 삶 속에서 하나님께서 기뻐하시지 않는다고 생각되는 바를 분별해 내어 적극적으로 순종하는 것이 얼마나 어려운 것인지를 말입니다.

거래 이상의 관계

그런데 오늘 사도는 우리에게 이러한 삶이 기도의 응답을 가져다준다고 말하고 있습니다. 그는 무엇이든지 구하는 바를 주님께로부터 받는다고 말하고 있습니다.

이것은 단지 사도가 머리 속으로 상상해 낸 일들을 말하고 있는 것이 아니라 자신의 신앙 생활 속에서 경험한 바를 따라 교인들에게 가르치고 있는 것입니다. 서로 동의하고 경험해 본 일들을 나누는 것입니다.

하나님께서 원하시는 것은 단지 기도를 통해서 응답을 주고받는 상업적인 거래일 수가 없습니다. 하나님께서 원하시는 것은 인격적인 관계입니다. 자녀로서 부모를 의지하고 그 부모와 인격적인 관계를 가지고 그 관계를 토대로 양육의 혜택을 입는 것처럼 그렇게 주고받는 관계가 되기를 원하시는 것입니다.

많은 사람들이 기도에 있어서 진전을 보지 못하고 있는 것은 결국 그 사람들의 삶이 하나님께로 향하지 않기 때문입니다. 그리고 그 마음이 하나님만을 전심으로 추구하지 않기 때문인 것입니다. 넘치는 기도의 능력과 영 속에서 살았던 사람들은 이렇게 주님을 기쁘시게 하는 삶에 자신을 바쳤던 사람들입니다.

우리는 언제나 이러한 삶에 대해서 깊은 관심을 가져야 합니다. 하나님을 사랑하고 그 하나님께서 기뻐하시는 바를 행하며 살아가는 삶이 그들로 하여금 불꽃처럼 기도하게 하였고, 하나님을 즐겁게 하고자 하는 불꽃 같은 마음의 감동이 그들로 하여금 기도의 영에 타오르게 만들었던 것입니다.

그들이 갈망했던 것은 기도 응답이었으나 기도 응답을 통하여 바라보았던 것은 하나님을 기쁘시게 하는 삶이었습니다.

마르지 않는 영력의 비결

만약 어떤 한 사람이 충분히 기도하지 못하며 기도에 있어서 열렬하고 뜨거운 정신을 소유하고 있지 못하다면, 그는 분명히 하나님을 기쁘시게 하는 일에 있어서도 열정이 없는 사람입니다.

나태하고 게으른 기도 생활은 하나님을 기쁘시게 하는 삶에 있어서도 게으르고 나태함을 보여 주는 것입니다. 그러므로 생명력 있는 기도, 마르지 아니하는 영력에 사로잡힌 기도의 세계를 유지하기 위하여는 비용이 듭니다.

자신을 향해서 죽고 세상에 대하여 하나님을 위해 십자가를 지는 일, 자신의 거룩한 삶을 위한 경건한 진통, 어찌하든지 자신의 삶을 통해서 하나님께서 영광을 받으셔야 한다는 갈망, 이런 일을 요구하고 있는 것입니다.

결국 살아 있는 기도는 십자가를 향하여 죽은 기도자를 통해서 나타나는 것입니다. 사도가 계명을 지키고 그 위에 하나님께서 기뻐하시는 삶을 행하며 살아갈 때에 무엇이든지 구하는 것을 받는다고 말하는 이유도 바로 이 때문입니다.

하나님의 계명을 지키며 오직 아버지를 기쁘시게 하는 삶을 살고 싶어 하는 사람들이 구하는 기도 제목 자체가, 하나님의 마음으로부터 멀어지거나 자신의 육신의 안일을 위한 천박한 동기에서 비롯된 기도 제목일 수 없습니다.

비록 그들이 일상적인 일을 위하여 기도한다고 하더라도 그것은 단지 자신의 만족이 아니라 자신을 건져 주신 그리스도 예수께 기쁨을 드리고 아버지를 영화롭게 하기 위한 기도 제목입니다.

그들은 무엇을 구하든지 그것을 통해서 자신들이 받을 유익뿐 아니라 나아가서 그 성취를 통해 어떻게 더 하나님을 잘 섬기며 그 하나님께서 영광 받으실지에 대해 생각하는 사람들입니다.

변화된 기도는 변화된 사람을 통하여 나옵니다. 하나님과의 관계에 있어서 진정으로 변화된 사람들은 변화된 내용으로 하나님께 기도하지 않을 수 없습니다.

하나님의 계명을 지키고 주님께서 기뻐하시는 바를 행하며 살도록 삶이 고정된 사람들은, 기도해도 도저히 받을 수 없으리만치 하나님께서 기뻐하시는 것과는 거리가 먼 것을 위해 기도할 가능성이 적습니다. 삶의 동기가 자기만을 위하는 이기심에서 어느 정도 자유롭기 때문입니다.

사도가 오늘 우리에게 도전하고 있는 것이 바로 그것입니다. 어떻게 하면 효과적인 기도를 할 수 있을까 해서 성경을 폈는데 결국 그 성경은 우리에게 능력 있는 기도로 가는 길은 하루하루의 삶이라고 알려 줍니다. 진리를 아는 지식과 거룩한 경건, 간절한 기도 이 모든 것들의 마지막 목표는 삶입니다.

사람들이 더 깊이 기도하고 싶어하지만 그것이 단지 소원과 바람으로 끝나는 이유도 바로 이 때문입니다.

서로 사랑할 것이니라

우리는 사도 요한이 무엇을 말하다가 이러한 사실을 언급하게 되었는지를 주목할 필요가 있습니다.

문맥으로 볼 때 그는 지금 막연하게 계명을 지키는 삶이나 하나님께서 기뻐하시는 삶을 거론하는 것이 아닙니다. 그는 지금 형제 사랑에 대해서 강조하고 있습니다. 본문이 실려 있는 문맥에서 계속해서 강조되어 온 바를 다시 한 번 강조하고 있는 것입니다.

그에 의하면 우리에게 영생이 있는 표는 형제를 사랑하는 것이라는 것입니다. 그리고 형제 사랑이 없으면 그것이 바로 사망의 표시이며 나아가서 형제를 미워하는 자는 살인하는 것이라는 사실을 말하고 있습니다. "그의 계명은 이것이니 곧 그 아들 예수 그리스도의 이름을 믿고 그가 우리에게 주신 계명대로 서로 사랑할 것이니라 그의 계명을 지키는 자는 주 안에 거하고 주는 그의 안에 거하시나니 우리에게 주신 성령으로 말미암아 그가 우리 안에 거하시는 줄을 우리가 아느니라"(요일 3:23-24).

형제를 사랑해야 하는 근원적인 이유를 그는 예수 그리스도의 희생에서 찾고 있습니다. 주님께서 우리를 위하여 목숨을 버리셨기 때문에 그 사랑을 입은 우리가 그렇게 주님을 사랑해야 한다는 것입니다. 그리고 그 사랑은 단지 말과 혀의 사랑이 아니라 행함과 진실함으로 사랑하는 것이어야 한다는 사실을 이야기하다가, 기도 응답을 말하고 있습니다.

그래서 사도는 이렇게 말합니다. "사랑하는 자들아 만일 우리 마음이 우리를 책망할 것이 없으면 하나님 앞에서 담대함을 얻고"(요일 3:21).

나눌 수 없는 두 관계

결국 사도는 자신의 서신을 받아 보는 그리스도인들에게 이렇게 권면합니다. "너희가 형제를 사랑하라는 그리스도의 계명을 지키는 일에 있어서 책망받을 것이 없고 진실하다면 담대하게 기도할 수 있다."

그리고 그렇게 담대하게 하나님 앞에 기도하는 자가 그의 계명을 지키며 주님을 기쁘시게 하고자 하는 삶의 목표를 가지고 살아갈 때, 그는 특별한 기도의 응답과 능력 속에서 살아갈 수 있다는 사실을 보여 주고 있는 것입니다.

우리는 여기에서 다시 한 번 하나님과의 관계가 사람들과의 관계와 나눌 수 없다는 사실을 깨닫게 됩니다. 그리고 이 같은 사실은 이미 예수님께서도 친히 가르쳐 주신 바였습니다. "예수께서 이르시되 네 마음을 다하고 목숨을 다하고 뜻을 다하여 주 너의 하나님을 사랑하라 하셨으니 이것이 크고 첫째 되는 계명이요 둘째도 그와 같으니 네 이웃을 네 자신같이 사랑하라 하셨으니 이 두 계명이 온 율법과 선지자의 강령이니라"(마 22:37-40).

이념이 아니라, 진리에 사로잡혀 사람들을 위하여 자신을 제물로 내어 주기까지 헌신하는 희생의 삶을 산 사람들은 한결같이 하나님 사랑을 깊이 체험한 사람들이었습니다.

맺는 말

자동차 운전을 생각해 보십시오. 아무리 가속 페달을 밟아도 차가 움직이지 않을 때에는 계속 제자리에서 시끄러운 엔진 소리만 낼 것이 아니라, 잠시 시동을 끄고 차를 가로막고 있는 장애물이 있는지 살펴보고 치우거나 왜 차가 움직이지 않는지 차체 자체를 들여다봐야 합니다.

마찬가지로 기도의 문제에 관심을 가질 때에 우리는 필연적으로 삶의 문제를 생각하지 않을 수 없습니다. 보다 충만한 기도의 능력을 사모하면서 우리는 자신의 기도 세계의 변화를 그리워하게 됩니다. 우리가 하나님 앞에서 어떤 기도자인지를 살펴보게 되고, 하나님을 사랑하고 그 계명을 따라 사는 일에 관심이 없었던 우리 자신을 회개하게 됩니다.

기도에 대한 탐구를 통하여 보다 완전한 하나님과의 관계를 사모하고 그 안에서 기도의 능력과 응답의 기쁨을 누릴 수 있는 삶이 되게 해달라고 기도해야 할 필요가 여기에 있습니다. 한 사람의 신앙의 크기는 하나님을 향한 그의 사랑의 크기이기 때문입니다.

기도는 기도자를 말해 줍니다. 한 신자의 사람됨은 그가 하나님 앞에서 기도할 때 평가된 사람됨입니다. 세상에서 아무리 큰 사람이라도 기도자로서 작은 사람이면 그는 작은 사람입니다. 반대로 세상에서 아무리 하찮은 사람이라도 기도자로서 큰 사람이면 그는 큰 사람입니다. 하나님 앞에서 큰 사람입니까? 그렇다면 하나님을 사랑할 것이고, 사랑하는 것만큼 하나님께 기도할 것이며, 기도하는 것만큼 응답을 받을 것입니다.

하나님을 사랑하는 사람이 하나님께 순종하는 삶을 살 수 있고, 마음 깊은 곳에서부터 순종하는 사람이 마음 깊은 곳에서부터 우러나오는 기도를 할 수 있습니다.

당신은 하나님을 사랑하고 있습니까?

마르지 않는 기도의 영 속에서 살아가기 위해서는 십자가의 정신과 사랑이 우리를 지배하여야 합니다. 언제나 그리스도께서 지셨던 십자가의 정신으로 주님을 위해 기도하는 사람이 되어야 합니다. 가장 커다란 하나님의 사랑을 힘입고 구원받은 우리가 주님을 위해서 갚아 드릴 수 있는 훌륭한 삶은 십자가의 정신으로 살아가는 삶입니다. 기도하는 사람 자신이 십자가의 정신에 감화를 받고 또 감화를 주며 살아가는 영적인 삶 한가운데 있을 때, 그의 기도는 정말 하나님께서 기뻐하시는 삶의 원동력이 될 것입니다.

제7장

십자가의 정신으로 기도하라

"천사가 하늘로부터
예수께 나타나 힘을 더하더라
예수께서 힘쓰고 애써 더욱 간절히 기도하시니
땀이 땅에 떨어지는 핏방울같이 되더라"

눅 22:43 – 44

특별한 기도가 필요하다

여기에는 예수 그리스도께서 잡히시던 날 밤에 드리신 최후의 기도 장면이 실려 있습니다. 우리는 예수 그리스도께서 십자가에 못박혀 죽으신 고난 자체에 대해서는 많은 관심을 기울이고 있습니다만 육신의 고통 이전에 겪으셔야 했던 영적 고통에 대해서는 별로 마음을 기울이는 것 같지 않습니다. 십자가를 감당하신 그리스도의 승리 이면에는 먼저 기도의 승리가 있었다는 사실을 쉽게 잊는 것 같습니다.

예수 그리스도의 영적 승리의 이면에는 간절한 기도가 있었습니다.

주님께서는 생애 내내 건성으로 기도하신 적이 없었습니다. 기도하실 때 늘 마음과 정신과 몸이 하나가 되어 하나님 아버지를 찾으셨습니다. 그리고 그 기도 속에서 예외 없이 하나님과 교통하며 사셨습니다.

그럼에도 불구하고 예수 그리스도께서는 십자가에 못박혀 죽으시기 전날 밤 특별히 기도하기 위하여 겟세마네 동산을 오르셨습니다. 특별한 상황이 되었기 때문입니다. 우리는 먼저 이 점을 배워야 합니다. 일반적인 상황에서는 일반적인 기도로 우리의 삶을 이어 갈 수 있습니다. 그러나 특별한 상황에 처해 있을 때에는 특별한 기도가 필요합니다.

예수 그리스도께서 이 땅에 오신 이후로 그분의 모든 삶은 오직 하나의 푯대를 향하고 있었습니다. 영광의 보좌를 버리고 슬픔과 죄가 있는 이 세상에 오셔서 사셨던 그분의 생애는 오직 한 가지 사건을 바라보고 있었습니다. 그것은 바로 인간을 구속하기 위한 그 목적을 이루시려고 자신을 대속 제물로 바치시는 십자가 사건이었습니다.

오늘 예수 그리스도께서 이처럼 절박하리만치 간절한 기도로 아버지 앞에서, 십자가 사건 앞에서 기도하시는 것도 평소 기도해 오시던 영적 삶의 후원이 있었기 때문입니다. 평소에 간절하고 열렬한 기도의 영을 유지하고 사셨기 때문에 결정적인 순간에 이처럼 초인적인 기도의 자세로 들어가실 수 있었던 것입니다.

간절함에 능력이 깃든다

오늘 예수 그리스도께서 기도하시는 모습에 대하여 성경은 인상적인 기록을 남기고 있습니다. "예수께서 힘쓰고 애써 더욱 간절히 기도하시니 땀이 땅에 떨어지는 핏방울같이 되더라"(눅 22:44).

이 본문을 대할 때마다 우리 자신의 기도가 얼마나 사무적이고 형식적인

지에 대해서 반성하게 됩니다. 중얼거리고 중언부언하는 기도로 힘을 소진하며 하나님과의 교제의 시간을 때워 보려는 우리의 안일한 기도 태도들이 우리를 능력 있는 기도로부터 멀어지게 하고 있습니다.

능력 있는 기도를 가능하게 하는 기도의 방식은 크게 두 가지로 나누어 생각해 볼 수 있습니다. 하나는 오래도록 기도에 매달리는 것이고, 또 하나는 마음과 육신의 힘을 기울여 기도하는 것입니다.

성급한 마음으로 기도실을 들락날락하는 것은 자기를 속이는 것이요, 인내하는 마음으로 힘을 쏟지 않는 기도는 마음을 바치지 않은 기도입니다. 이런 기도는 거룩하신 하나님께 합당한 처사가 아닙니다. 은밀한 곳에서 하나님과 대면하며 끈기 있게 오래도록 기도에 자신을 바침으로써 기도가 무엇인지를 배우게 되고, 기도 속에서 맛볼 수 있는 하늘의 특권들을 누릴 수 있습니다.

그리고 또 하나는 마음을 실어 간절히 기도하는 것입니다. 그리고 마음으로 간절히 기도한다는 것은 곧 우리 육신의 노고를 동반합니다. 거기에는 자신의 안락과 편안함을 포기하는 용기가 필요합니다.

힘을 다한 기도인가?

오늘 성경은 천사가 하늘로부터 와서 기도하시는 예수 그리스도를 도왔다고 표현하고 있습니다. "천사가 하늘로부터 예수께 나타나 힘을 더하더라"(눅 22:43).

왜 우리는 이렇게 기도 속에서 특별히 도우시는 성령의 도우심을 경험하지 못하고 있을까요? 그 가장 직접적인 이유 중 하나는 우리가 도무지 간절히 기도하지 않는다는 것입니다. 예수님께서는 기도하실 때 얼마나 간절히 기도하셨는지 육신의 힘을 모두 소진하셨습니다.

몸부림 치는 기도 속에서 육신의 힘은 다하였고 간절한 기도가 그분의 육신을 지치게 만드셨습니다. 기도에 자신의 육적 기력을 다하였을 때 하나님께서는 천사를 보내어 도와주셨습니다.

단지 머리로 기도하는 사람들은 왜 기도가 육신의 노동인지를 이해할 수 없습니다. 그러나 그렇게 기도하며 사는 사람들은 간절한 영적 기도가 무한한 육체의 힘을 요구한다는 사실을 깨닫습니다. 기도하는 시간이 길기 때문이기도 하지만 그 기도가 하나님 앞에 간절하였기 때문에 그러합니다.

진정으로 기도의 능력을 소유한 사람들은 끈기 있고 간절함이 있는 기도에 자신을 바쳤던 사람들입니다. 예수님께서 우리에게 가르쳐 주신 바대로 하나님 앞에 간절히 호소하며 물러서지 않는 끈질김으로 하나님께 간청하는 것이 성공적인 기도의 진수입니다. 그리고 그렇게 간절히 기도할 때 많은 육신의 힘을 앗아 가게 됩니다.

천사가 도와준 기도

기도하면서 자기 육신의 힘을 소진한 사람들은 하나님께서 버려 두시지 않습니다. 우리가 그러한 기도의 영으로 하나님 앞에 간구하도록 도와주시는 것입니다.

문제는 우리가 육신의 힘을 다하리만치 기도에 자신을 바치는 때가 흔치 않다는 것입니다. 그렇기 때문에 우리는, 기도 속에서 육신의 힘을 하나님께서 더 공급해 주시리라는 기대조차 하지 않고 있는지 모릅니다.

간절한 기도에 마음을 바치고 간구함으로 육신의 힘을 쏟고 있는 예수님께 하늘로부터 보냄을 받은 천사가 내려와 새 힘을 주었습니다. 예수 그리스도께서는 이렇게 천사가 공급해 주는 힘을 통해서 오히려 하나님 앞에 더 간절히 기도할 수 있었습니다. 그런 위대하고 헌신적인 기도가 예수님으로 하여금 이튿날 십자가 사건을 승리로 장식하게 만들어 주었던 것입니다.

땀이 핏방울처럼 떨어졌다는 기록에 대해서는 단지 땀이 땅에 떨어졌을 뿐인데 그 모습이 피가 흐르는 것처럼 엄청난 양의 땀을 쏟아 내었다는 해석이 있고 또 하나는 그 땀 속에 피가 섞였다는 해석이 있습니다. 저는 후자의 해석을 지지합니다.

간절히 기도하시자 땀이 흘렀는데 그 땀은 피를 머금고 있었습니다. 그리고 그 땀이 물처럼 흘렀습니다. 이것은 우리를 향한 주님의 마음이었습니다.

십자가의 정신으로 기도하라

예수 그리스도께서 십자가에 못박혀 죽으시기 전에 먼저 자신이 기도 속에서 이렇게 십자가에 못박히시는 영혼의 고통을 경험하였던 것입니다. 그래서 개인적으로 십자가의 사건을 경험하는 것과 기도의 영을 소유하게 되는 것은 밀접한 관계가 있습니다.

열렬한 기도의 영을 유지하며 살았던 사람들은 십자가에 대한 탁월한 인식을 가진 사람들이었습니다. 그리고 자신의 기도의 모본을 바로 이렇게 십자가를 앞에 두고 기도하시는 예수 그리스도로 삼았습니다.

그렇습니다. 기도처럼 십자가의 정신이 잘 반영되는 섬김도 없습니다. 희생이 없이는 진정한 기도가 있을 수 없습니다. 그리고 그 희생은 십자가의 정신을 통하여 성취되는 것입니다. 기도의 희생이 없이 어떻게 섬김을 다할 수 있겠으며, 마음으로 하나님 앞에 섬기는 일에 자신을 드리지 않고 어떻게 열렬한 기도의 영을 유지할 수 있겠습니까?

십자가는 즐거움이 아니라 부끄러움이며 고통입니다. 그러므로 기도의 의무를 다하기 위해 고통스러운 대가를 지불하지 않으려는 사람들은 결코 주님처럼 기도할 수 없습니다.

예수 그리스도께서 십자가를 지고 승리하셨습니다. 그러나 예수 그리스도께서 자신을 십자가에 못박으심으로 하나님 앞에 바쳤지만, 하나님 아버지께서는 십자가에서 흘리신 아들의 피를 받으시기 전에 겟세마네 동산에서 흘리신 기도의 눈물을 먼저 받으셨습니다. 그 기도의 눈물을 다 받으시고 나서야 비로소 십자가에서 흘린 보혈을 받으셨던 것입니다.

맺는 말

마르지 않는 기도의 영 속에서 살아가기 위해서는 십자가의 정신과 사랑이 우리를 지배하여야 합니다. 언제나 그리스도께서 지셨던 십자가의 정신으로 주님을 위해 기도하는 사람이 되어야 합니다. 가장 커다란 하나님의 사랑을 힘입고 구원받은 우리가 주님을 위해서 갚아 드릴 수 있는 훌륭한 삶은 십자가의 정신으로 살아가는 삶입니다.

그 십자가의 정신이 우리의 기도 세계와 섬김을 지배하여야 합니다. 기도하는 사람 자신이 십자가의 정신에 감화를 받고 또 감화를 주며 살아가는 영적인 삶 한가운데 있을 때, 그의 기도는 정말 하나님께서 기뻐하시는 삶의 원동력이 될 것입니다.

우리는 십자가의 정신으로 기도하여야 합니다.

찬바람 부는 겟세마네 동산 언덕에서 아무도 돕는 자 없이 눈물로 기도하시던 주님의 기도의 제목들이 여전히 우리의 마음을 흔들어 깨워 우리의 기도의 골방을 눈물로 적시게 하고 있습니까? 예수님께서 통곡과 눈물로 기도하실 때에 응답해 주시던 그 하나님이 이 교회의 주인이시며 여러분의 주인이십니다. 우리는 결단하고 주님께서 오르셨던 그 겟세마네 동산으로 올라가야 합니다. 그분이 통곡하며 기도하셨던 것처럼 우리도 우리 자신과 교회와 이 세상의 잃어버린 영혼들을 위하여 울부짖어야 합니다.

제8장

통곡과 눈물로 드리는 외로운 기도

"그는 육체에 계실 때에
자기를 죽음에서 능히 구원하실 이에게
심한 통곡과 눈물로 간구와 소원을 올렸고
그의 경건하심으로 말미암아
들으심을 얻었느니라"

히 5:7

이상한 철야 기도

제가 오래전에 다니던 교회에서 있었던 일입니다. 신학교를 다니는 한 청년이 있었습니다. 신학교를 다닌다고는 합니다만 매일 당구장에서 허송세월을 보내고 술에 취해 다니기가 일쑤였습니다. 제가 보기에는 소명은커녕 회심도 못한 사람 같았습니다.

어느 날 이변이 일어났습니다. 이 청년이 40일 철야 기도를 시작한다는 것입니다. 저는 혼자 속으로 생각했습니다. '야, 이제 무슨 일이 이루어지는구나! 결국은 하나님께서 변화시켜 주실 때가 이르렀나 보다.'

그런데 재미있는 것은 40일 철야 기도를 하는 모습이었습니다. 기도를 얼마나 했는지는 잘 모르겠습니다만 매일 밤 교회에 나왔습니다. 여덟 시쯤 나와서 차도 마시고 찬송도 부르고 기도도 좀 하고 졸기도 하다가 다섯 시쯤 집으로 돌아갔습니다.

그래서 하루는 물었습니다. 40일 기도 기간 동안 어떻게 사는지 어떤 변화가 일어났는지 궁금해서였습니다. "그래, 낮에는 무얼 하고 지내나?"

그는 자기의 하루 일과를 말했습니다. 재미있었습니다. 그의 설명에 의하면 아침 여섯 시에 집에 돌아가서 씻고 밥 먹고 아홉 시에 잠자리에 들어서 오후 다섯 시까지 잔다는 것이었습니다. 그 후 일어나 씻고 밥 먹고 여덟 시까지 교회에 오는 것입니다. 40일 동안 이런 일들이 반복되고 있었습니다. 하나님께서 그 기도를 받으셨는지는 잘 모르겠습니다.

　말씀드리고 싶은 것은 이것입니다. 기도는 단지 간절하게 부르짖는다고 해서 무슨 역사를 만드는 것이 아닙니다. 기도의 초점이 삶의 초점과 같을 때 그 기도는 간절히 드려질 수 있고 능력이 나타난다는 것입니다. 그런 점에서 본문은 보석과 같이 귀한 교훈을 줍니다.

우리의 대제사장

　히브리서 5장은 예수 그리스도께서 우리의 대제사장임을 드러내 주고 있습니다. 사람 가운데서 취한 바 된 대제사장은 사람들의 죄를 지고 하나님 앞에 대신 나아가는 사람이었습니다. 사람들을 위하여 제사를 드림으로써 하나님께서 그들의 죄에도 불구하고 그들을 받으시게끔 중보하는 사람이었습니다.

　그는 마땅히 무식하고 미혹할 수밖에 없는 연약한 자까지도 용납하여야 했습니다. 왜냐하면 그는 자기가 위하여 제사드려 주는 사람과 동일한 연약함에 둘러싸여 있는 사람이기 때문이었습니다.

그럼에도 불구하고 그 직분은 존귀하고 그 직무는 영광스러운 것이었습니다. 따라서 이 직분은 아무에게나 주어지지 아니하고 오직 아론과 같이 하나님의 부르심을 입은 사람들에게만 주어진 영광스러운 봉사였습니다.

그러나 제사장들의 제사는 항상 임시적인 것이었습니다. 하나님께 나아갈 길을 열어 주었지만 잠깐이었습니다. 사람들의 마음속에 있는 모든 죄와 하나님 앞에 형벌받아 마땅한 모든 불의로부터 영원히 사함을 입게 할 수는 없었습니다.

그리하여 예수님께서 오셨습니다. 이 모든 일시적인 제사들을 다 이루시고 자신의 몸을 제물로 바침으로써 단번에 하나님 앞에 모든 사람들의 죄를 용서받게 하시기 위하여 오셨던 것입니다.

그분의 몸은 십자가에 드려졌고 그 십자가에서 흘린 보혈의 공로와 능력은 참으로 위대한 것이었습니다. 헤아릴 수 없는 많은 사람들이 그 샘에서 죄악을 씻고 그 피로 속죄함을 입었습니다만 아직도 그 피와 속죄케 하는 능력은 다하지 아니하였습니다. 그 피와 그 물이 저와 여러분까지도 구원하였던 것입니다.

이 본문은 자신의 몸을 대속 제물로 바침으로써 하나님 앞에 나아가는 새롭고 산 길을 열어 주시기 위해 오신 그리스도께서 이 땅에서 어떻게 사셨는지를 보여 주고 있습니다.

그리스도의 가장 큰 일

십자가에서 자기의 몸을 찢으시고 피를 흘리심으로써 영원한 제사를 드리시기까지 예수 그리스도께서는 줄곧 제사장과 같은 삶을 살아가셨습니다. 그분의 깨뜨려진 육체로 말미암아 우리는 찢어진 휘장과 그분이 흘리신 보혈이 뿌려진 핏길을 따라서 난 새롭고 산 길, 보좌에 이르는 산 길을 얻게 되었습니다. 아무 공로 없는 죄인들이 맨발로 그 핏길을 걸어서 거룩한 하나님 앞에 나아가며 그분을 나의 아버지라 부르게 된 것입니다.

그분의 생애를 생각할 때 지울 수 없는 것은, 그분은 결코 이 땅에서 즐겁고 기쁜 인생을 보내지 아니하셨다는 사실입니다. 그분은 비관주의자도 아니셨습니다. 그럼에도 불구하고 그분은 항상 진지한 생애를 사셨으며, 하나님의 뜻의 성취에 골몰한 생애를 사셨습니다.

거룩한 하나님과 그분을 떠나 불순종하는 어리석은 백성들 사이에서 그분이 하실 수 있는 가장 커다란 일 가운데 하나는 그들을 위하여 기도하시는 것이었습니다.

오늘 본문은 우리로 하여금 신앙의 옷깃을 여미게 하는 영광스런 그리스도의 기도의 생애를 기록하고 있습니다.

육체에 계실 때에

먼저 성경은 그리스도께서 육체에 계셨다는 말로 시작합니다. 그분이 육체 가운데 계셨습니다. 이 얼마나 죄스러운 일입니까? 그분은 하나님이셨습니다. 천상의 영광 가운데 천사들의 찬양을 들으며 계셔야 할 분이셨습니다.

그럼에도 불구하고 그분은 육체로 이 땅에 오셨습니다. 하늘의 보좌를 버리고 부끄러움을 개의치 않으시고 자신이 지으신 들풀과 같은 인간의 모습으로 이 땅에 오셨던 것입니다. 죄와 떨어질 수 없는 인간, 자신이 지으신 그 가장 연약한 피조물 중의 하나인 인간의 모습으로 오셨던 것입니다.

생각해 보십시오. 거룩한 영광의 하나님이신 그분이 왜 부끄럽게도 육체로 오셔야 했습니까? 천상의 영광 가운데 계셔야 할 그분이 죄스럽게도 왜 육체를 입으시고 우리에게 보이는 모습으로 나타나셨습니까?

그것은 오직 주님께서 우리를 구원하시기 위함이었습니다. 그분이 오신 것은 죽기 위함이었습니다. 우리를 위하여 자신의 몸을 대속 제물로 주시기 위해서는 마땅히 사람의 몸으로 오셔야 했습니다. 몸을 십자가에서 대속물로 주시기 위해서 그분은 가장 연약한 인간의 몸을 입으시고 이 땅에 오셨던 것입니다.

우리 위해 오셨건만

그러나 이처럼 하늘의 영광을 버리고 죄인 된 우리를 구하시기 위하여 육체로 오신 그분을 이 세상은 어떻게 대우했습니까?

하늘의 아름다운 별들이 빛나고 양떼들이 고요히 잠든 때에 주님께서는 말구유에 오셨습니다. 그분이 오셨을 때 세상은 무엇을 하고 있었습니까? 창과 칼을 준비하며 아기 예수의 생명을 노리고 있지 않았습니까? 주님께서는 가난한 환경에서 자라셨습니다.

우리와 같이 여유 있는 문화의 혜택을 누리지도 못하셨습니다. 목수로서 사셨습니다. 하나님의 의를 이루기 위하여 세례를 받으실 때 "……이는 내 사랑하는 아들이요 내 기뻐하는 자라……"(마 3:17)라는 음성이 들렸으나 그분은 광야에서 마귀의 시험을 받으셔야 했습니다. 40일을 주리셨습니다.

그분의 꿈은 오직 하나님을 떠난 백성들을 구원하는 것이었고, 사망 가운데 있는 비참한 죄인들에게 생명을 주시는 것이었습니다.

그럼에도 불구하고 세상은 그분을 영접하지 아니하였습니다. 성경은 말합니다. "빛이 어둠에 비치되 어둠이 깨닫지 못하더라……그가 세상에 계셨으며 세상은 그로 말미암아 지은 바 되었으되 세상이 그를 알지 못하였고 자기 땅에 오매 자기 백성이 영접하지 아니하였으나"(요 1:5–11).

세상은 그분을 영접하지 아니하였으며 자신들에게 생명을 주시기 위해 오신 그분을 오히려 미워하였습니다. 그분의 생애를 생각해 봅니다. 좋으신 주님께서 도대체 세상을 위하여 무슨 나쁜 일을 하셨습니까?

그분은 우리를 죄에서 구원하시기 위하여 하늘의 영광을 버리셨고, 낮고 천한 땅에 오셨습니다. 그분은 우리의 구원을 위하여 슬피 우셨고, 비참한 죄인들을 위해 기도하셨으며, 목자 잃은 양 같은 백성들의 영혼의 곤고함으로 인하여 가슴 아파하셨습니다. 주린 자를 먹이시고, 가난하고 병든 자를 고치셨습니다.

도대체 그분이 이 세상을 위하여 무슨 나쁜 일을 하셨단 말입니까?

그렇지만 세상은 그분을 영접하지 아니하였고 오히려 자기들을 사랑한 그분을 십자가에 못박았습니다. 세상은 그분을 향해 돌을 던졌으며, 우리는 그분에게 침 뱉었습니다. 채찍으로 때리고 가시관을 씌웠습니다.

이미 우리 주님께서 육체 가운데 계실 때 이런 일들이 일어날 것이라는 사실이 예언되었습니다. 그분도 하늘의 보좌를 버리시고 이 땅에 육체로 오실 때 세상이 자신을 그렇게 대접하리라는 것을 아셨습니다.

고난의 사랑

그럼에도 불구하고 주님께서 이 같은 세상에 육체를 입고 오셨다고 성경은 말합니다. 이 얼마나 떨리는 말씀입니까? 그분이 이처럼 욕된 대접을 받은 이 세상에 육체를 입고 오심은 오직 우리의 구원을 위함이었습니다.

온 생애를 하나님과 그리고 그 하나님과 원수 된 이 세상을 위하여 아낌없이 드리셨고, 그러고는 마지막으로 하나밖에 남지 않은 자신의 몸을 깨뜨려 십자가에 내어 주심으로 우리를 하나님 앞으로 인도하기를 원하셨던 것입니다.

이것이 바로 십자가에 나타난 사랑입니다. 이것이 바로 주님께서 이 땅에 오신 이유인 것입니다. 주님께서 이 땅에 오신 것은 오직 그분이 우리를 사랑하셨기 때문입니다. 그래서 성경은 말합니다. "우리가 아직 죄인되었을 때에 그리스도께서 우리를 위하여 죽으심으로 하나님께서 우리에 대한 자기의 사랑을 확증하셨느니라"(롬 5:8).

그러므로 우리는 복음의 진리를 앎으로 날마다 그리스도의 십자가 앞에 새로 태어납니다. 주님께서 육체로 오신 것은 우리를 위해 자신을 버리시려는 큰 사랑에서 비롯된 것임을 알아야 합니다.

예수님의 기도

이어서 성경은 그분이 이 땅에 계실 때에 사셨던 삶의 방식에 대해 말해 주고 있습니다. 그분의 생애는 기도와 떼어 놓을 수 없는 생애였습니다. 오늘 성경은 말합니다. "그는 육체에 계실 때에……심한 통곡과 눈물로 간구와 소원을 올렸고……"(히 5:7).

그렇습니다. 그분의 생애는 곧 기도였고, 그분의 기도는 그분의 삶을 통하여 드러났습니다. 우리는 주님께서 이 세상에서 살아가시던 삶의 방식을 기억해 봅니다.

예수 그리스도의 생애는 피로 바친 생애였습니다. 땀으로 얼룩진 생애였습니다. 무엇보다도 눈물로 살아간 기도의 생애였습니다. 그래서 오늘 성경은 그분의 기도하는 모습이 심한 통곡과 눈물로 얼룩진 기도였다고 말해 주고 있습니다.

오늘 본문은 예수님의 기도 생활에 대해 말해 주고 있습니다. 기도하시는 주님의 모습을 제외하고는 그분이 우리의 대제사장임을 제대로 가르쳐 줄 수가 없었습니다. 주님의 생애는 늘 기도하시던 생애였습니다. 그리고 그 기도는 정말 간절하고 절박하며 탄원하는 기도였습니다.

그런데 오늘 히브리서 기록자가 말해 주고 있는 예수님의 기도는 특별히 주님께서 잡히시던 날 밤에 겟세마네 동산에서 기도하시던 그림을 보여 주고 있습니다. 주님께서 겟세마네 동산에서 무엇을 위하여 기도하셨습니까?

대제사장의 기도

요한복음 17장을 보십시오. 바로 주님께서 잡히시던 날 밤 찬바람이 부는 겟세마네 동산에서 홀로 기도하셨던 내용입니다.

십자가의 쓰라린 고난이 가까이 다가오고 있었고 사랑하는 제자들은 잠들어 있었습니다. 유다는 배신으로 다가오고 아무도 도울 사람은 없었습니다. 그럼에도 불구하고 우리 주님의 영혼은 자신의 죽음을 위해서가 아니라, 두고 가야 하는 사랑하는 제자들과 공동체와 구원받아야 할 세상을 위해 말할 수 없는 통곡과 눈물로 기도하고 계셨던 것입니다.

자기를 보내신 하나님과 우리 사이에서 충성스러운 중보자로 사신 주님의 생애의 한 기록을 대하는 우리의 기도의 세계는 어떠합니까? 주님의 기도는 하나님을 위한 기도였고 사랑하는 제자들과 하나님께 심판받을 수밖에 없는 세상에 대한 애처로움으로 얼룩진 애통해 하는 기도였습니다.

그러나 우리의 기도는 너무나 이기적이지 않습니까? 우리는 영적인 삶에 있어서도 자신만을 위하는 욕심에 빠져 있습니다. 회개하지 않은 영혼을 안고 살아가는 신자의 특징은 주님의 심정을 헤아리지 못하는 것입니다.

주님께서 이 세상을 바라보며 애통해 하시고 그 가운데 남겨 두고 가는 교회를 인하여 통곡하셨던 것처럼, 주님의 마음으로 이 세상을 살아가는 우리의 기도도 그러해야 합니다.

메마른 마음들

우리의 기도의 세계는 어떠합니까? 겟세마네 동산에서 우리 주님을 그토록 통곡하시게 했던 기도의 제목들이 울부짖음으로 다가옵니까? 찬바람 부는 언덕에서 아무도 돕는 자 없이 눈물로 기도하시던 그 기도의 제목들이 여전히 우리의 마음을 흔들어 깨워 우리의 기도의 골방을 눈물로 적시게 하고 있습니까?

우리는 너무 메말라 있습니다. 우리의 마음은 거룩한 우리 주 예수 그리스도의 십자가 앞에서도 물같이 녹아 내리지 아니하고 정미한 하나님의 말씀 앞에서도 우리의 심령은 촛농과 같이 흘러내리지 아니합니다.

우리의 마음이 마른 땅과 같아서 이 거룩한 십자가의 사랑 아래 살아가면서도, 예수 그리스도께서 우리를 위해 흘리신 위대한 보혈의 공로를 인하여 감격하기보다는 이 땅의 썩어질 것들을 위하여 수고하며 이것들을 인하여 염려하고 가슴 아파하고 있지는 않습니까?

주님께서 우리의 마음을 깨뜨리셔서 그분이 통곡하셨던 기도 제목 앞에서 우리도 통곡하게 하시고, 그분이 눈물 흘리지 아니하실 수 없었던 간구와 소원 앞에서 우리도 눈물 흘리게 하시기를 기도합니다.

왜 통곡으로 기도하셨나?

오늘 본문은 짧은 구절 속에서 주님께서 어떻게 하나님 앞에 기도하셨는지를 드러내 주고 있습니다. 우리 주님께서는 심한 통곡과 눈물로 간구하셨습니다. "그는 육체에 계실 때에……심한 통곡과 눈물로 간구와 소원을 올렸고……"(히 5:7).

그러나 이것은 참으로 이상한 일입니다. 주님께서는 하나님과 완전한 일치 속에서 사셨습니다. 한 번도 하나님 아버지와 단절된 때가 없는 분이셨습니다.

우리는 종종 우리의 허물과 죄악을 인하여 하나님과의 교제가 끊어지고 그분께서 우리에게서 얼굴을 돌리시는 영적 침체를 경험하지만, 예수님께서는 그렇지 않으셨습니다. 언제나 아버지와 동행하셨습니다.

그래서 주님께서는 말씀하셨습니다. "나를 보내신 이가 나와 함께하시도다 나는 항상 그가 기뻐하시는 일을 행하므로 나를 혼자 두지 아니하셨느니라"(요 8:29).

그렇습니다. 이것이 바로 우리 주님의 영적인 상태였습니다.

그럼에도 불구하고 오늘 성경은 예수님께서 마치 하나님과 멀리 떨어지시기라도 한 것처럼 심한 통곡으로 부르짖어야 했고 눈물로 애원해야 했다고 기록하고 있습니다.

무엇 때문입니까? 죄라곤 없으시고 하나님과 항상 동행하셨던 그분이 왜 마치 하나님께로부터 저주를 받아 떨어진 자처럼 심히 통곡하며 부르짖어야 했고 애통하는 눈물로 소원을 올려야 했습니까? 무엇 때문이었습니까? 왜 주님께서 그러셔야 했습니까?

이것을 기억하십시오. 그분이 그토록 말할 수 없는 통곡과 넘쳐나는 눈물로 하나님 앞에 탄원하셔야 했던 것은 자기 때문이 아니었습니다. 심한 통곡과 눈물로 기도하신 것은 단지 십자가를 피하기 위함이 아니었습니다. 예수님께서 언제 자신에게 다가오는 핍박을 인하여 통곡하신 적이 있습니까?

그분은 강한 분이셨습니다. 강철 같은 분이셨습니다. 유대인들의 핍박에도 실망치 않으셨고 서기관과 바리새인들의 도전 앞에서도 낙심치 아니하셨습니다. 대적들 앞에서 한 번도 기가 꺾이신 일이 없는 분이십니다.

그럼에도 불구하고 지금 주님께선 절망의 늪 아래로 떨어진 연약한 사람처럼 심한 통곡과 애처로운 눈물로 기도하고 계십니다. 무엇 때문입니까?

우리의 죄악을 인해

이 모든 통곡과 눈물은 바로 우리의 죄악을 인함이었습니다. 자신을 위해 통곡하며 기도하셨던 것이 아니라 우리의 죄악과 허물을 인하여 대제사장의 심정으로 하나님 앞에 통곡하며 우셨던 것입니다.

이렇게 기도하실 때, 예수님께서는 마치 우리처럼 죄 있는 한 형제와 같이 되셨습니다. 우리의 죄악을 자신의 죄악인 것처럼 하나님 앞에 애통해하며 기도하셨습니다. 우리의 허물을 자신의 허물인 것처럼, 우리에게 다가오는 하나님의 두려운 심판이 곧 예수님께서 받으셔야 할 심판인 것처럼 심한 통곡으로 하나님 앞에 사하심을 구했던 것입니다.

우리는 우리 자신을 위하여는 흘릴 눈물이 많으나 주님을 위한 눈물은 말랐습니다. 우리를 위한 흐느낌은 있으나 하나님을 떠나 있는 이 구원받지 못한 비참한 세상을 위한 통곡은 그쳐 가고 있습니다.

그러나 생각해 보십시오. 우리 주님께서는 오직 세상을 위하여만 우셨습니다. 수의에 싸인 나사로를 곁에 두고 하나님께서 그를 살리실 것을 믿지 못하는 불신하는 세상을 인하여 눈물을 흘리셨고, 약 40년 앞으로 다가온 비참한 심판의 종말을 알지도 못한 채 우뚝 서 있는 죄악의 도성 예루살렘과 그 안에 잠들어 있는 성전을 인하여 통곡하셨습니다.

우리 주님의 기도의 생애를 기억해 보시기 바랍니다.

겟세마네 동산에서 지친 몸으로 찬바람을 맞으시며 통곡하며 눈물로 기도하실 때 당신과 나의 이름도 부르셨을 것입니다. 그분은 우리의 구원을 위해 통곡하셨고 세상의 영생을 위하여 눈물을 흘리셨습니다. 아버지의 뜻을 이루시기 위함이었습니다.

우리의 기도의 세계는 어떠합니까?

세상에 계셨기에

여기에서 한 가지 궁금한 것이 있습니다. 왜 예수님께서 이렇게 통곡하며 눈물을 흘리며 기도하셨느냐는 것입니다.

천국에서도 계속되고 있는 그리스도의 사역이 있습니다. 구속의 사역은 십자가에서 다 이루셨습니다. 그럼에도 불구하고 천국에서도 그쳐지지 않는 사역이 있다면 의아해 하시겠지요?

그러나 사실입니다. 주님께서는 천국에 오르신 이후에도 계속하고 계시는 일이 있습니다. 그것은 우리를 위해 기도하시는 것입니다. 그러나 천국에는 눈물이 없습니다.

천국에서는 눈물 없이도 할 수 있는 기도를 왜 세상에 계실 때에는 눈물 없이는 하실 수 없었고 통곡 없이는 간구하실 수 없었을까요?

이것은 매우 중요한 교훈을 줍니다. 그것은 세상이 하나님을 위해 살고

자 하는 예수 그리스도를 도와주지 아니하였다는 사실입니다. 주님께서는 오직 아버지의 뜻을 이루시기를 원하셨고 그 아버지의 뜻은 모든 사람이 주님을 믿어 구원을 얻는 것이었습니다.

그럼에도 불구하고 세상은 그분을 도와주지 않았습니다. 오히려 생명을 주시기 위해 오신 그분을 핍박하고 미워하고 버렸습니다. 이것이 바로 세상인 것입니다. 그리고 우리들도 주님처럼 이러한 세상에 살고 있는 것입니다.

그러므로 나는 말할 수 있습니다. 누구든지 아버지의 뜻을 이루기를 원하고 자신을 하나님 앞에 헌신하기를 원하는 사람마다 이처럼 세상과 마주해야 한다는 것을 말입니다.

끊임없이 세상은 주님을 위해 살려는 여러분의 갸륵한 헌신과 거룩한 섬김을 방해할 것입니다. 그러므로 더욱 주님을 위해 살고자 하는 자마다 통곡함으로 기도하지 않을 수 없고 눈물 흘림으로 아버지의 도움을 구하지 않을 수 없는 것입니다.

더 깊은 기도의 세계 속으로 들어가기를 원하십니까?

정말로 통곡할 정도로 깊은 기도로 나아가기를 원하십니까?

경박하고 사무적인, 그래서 메마른 우리의 마음을 새롭게 해주지 못하는 형식적인 기도 생활을 인하여 고민하십니까?

참으로 뜨거운 눈물로 하나님 앞에 심정을 토로하는 기도를 드리고 싶으십니까?

먼저 여러분의 삶이 주님을 위해 살기를 원하는 갈망을 갖지 아니하면 안 될 것입니다.

전능하신 하나님

이어서 우리는 이 짧은 본문 속에서 예수님께서 누구에게 기도하셨는지를 읽을 수 있습니다. 성경은 말합니다. "그는 육체에 계실 때에 자기를 죽음에서 능히 구원하실 이에게 심한 통곡과 눈물로 간구와 소원을 올렸고······."(히 5:7).

이 본문은 예수님께서 기도하신 하나님이 어떤 분이신지를 보여 주고 있습니다. 주님께서 기도하실 때에 하나님을 어떤 분으로 믿고 기도했는지를 알려 주고 있는 것입니다.

예수님께서 기도하신 분은 '자기를 죽음에서 능히 구하실 수 있는' 하나님이셨습니다. 주님께서 다가오는 십자가의 고난을 앞두고 심한 통곡으로 부르짖으실 때에 그것은 자기를 죽음에서 능히 건지실 이에게 올리는 기도였습니다.

이것은 부활을 바라본 기도였습니다. 그렇습니다. 우리 주님께서는 자신에게 다가오는 십자가보다는 오히려 자신을 죽음에서 살리실 부활의 능력을 바라보았던 것입니다.

이 얼마나 놀라운 믿음입니까? 주님께서는 하나님을 이처럼 신뢰하셨습니다.

여러분이 매일 기도 올리는 그 하나님은 누구십니까?

매일 여러분의 기도를 들으시는 주님을 어떤 분으로 여기며 기도를 올리고 있습니까?

그분은 세상이 십자가에 못박은 그리스도를 살리실 수 있는 하나님이십니다. 죽은 자와 방불한 이 세상에 구원을 주실 수 있고 잠든 자와 같은 당신의 영혼을 깨워 주님을 위해 살게 하실 수도 있는 하나님이십니다.

하나님께서는 바로 그런 분이십니다. 사람들이 흉악한 죄인으로 여겨 십자가에 못박았던 그리스도를 살리셨습니다. 그리고 우리 주님께서는 간구하는 자신을 아버지께서 그렇게 살리실 것을 믿었습니다. 하나님께서는 예수님을 능히 죽음에서 구하실 수 있는 분이셨기 때문입니다.

여러분이 처한 형편과 겪고 있는 모든 아픔들을 이 세상 누구도 다 알 수는 없습니다. 그러나 분명한 사실 한 가지가 있습니다. 하나님께서는 당신을 그 모든 문제로부터 능히 건지실 수 있는 능력의 하나님이시라는 사실입니다.

우리 주 예수 그리스도께서 쓰라린 십자가의 고난을 앞에 두시고도 자기를 죽음에서 능히 구원하실 하나님을 향한 믿음과 신뢰를 저버리지 아니하셨던 것처럼 그렇게 하나님을 믿으시기 바랍니다.

믿음이 있는 사람을 그분은 기뻐하십니다.

기도 응답의 근거

마지막으로 저는 주님의 이 기도가 어떻게 응답되었는지를 보여 드리려고 합니다. 기도가 아무리 심한 통곡과 철철 흐르는 눈물로 드려졌다 할지라도 하나님께서 그 기도에 응답하지 아니하셨다면 그 통곡과 눈물이 무슨 유익이 있겠습니까?

그런데 오늘 본문은 하나님께서 우리 주님의 기도를 들으셨다고 말해 줍니다. 이로써 우리는 주님의 기도가 어떤 것인지를 더 알고 싶어지게 됩니다. 왜냐하면 주님께서는 기도의 태도에 있어서 모범이 되셨을 뿐만 아니라 기도의 응답을 받으심에 있어서도 모범이 되셨기 때문입니다.

참 이상한 일이 그 다음에 기록되어 있습니다. 본문이 말합니다. "……그의 경건하심으로 말미암아 들으심을 얻었느니라"(히 5:7).

이상하지 않습니까? 주님께서 말할 수 없는 통곡과 눈물로 기도하셨습니다. 그처럼 간절한 기도를 드리셨습니다.

그럼에도 불구하고 본문은 주님께서 간절한 기도를 드리셨기 때문에 하나님께로부터 응답을 받았다고 말하지 않고 "그의 경건하심으로 말미암아 들으심을 얻었느니라."라고 말하고 있습니다.

다시 말해서 주님께서 간절히 기도하셨지만 하나님께서 우리 주님의 기도에 응답해 주신 것은 단지 간절히 기도하셨기 때문만이 아니라는 것입니다. 눈물을 흘리고 통곡하셨기 때문만은 아니라는 것입니다.

토레이(R. A. Torrey) 목사가 자신의 글에서 소개한 다음의 에피소드는 이러한 진리에 대한 실제적 교훈이 됩니다.

계명을 지키고 주님을 사랑하는 자에게 주신 약속

어느 교회에서 있었던 일입니다. 남편이 죽을병에 걸린 한 자매가 있었습니다. 남편은 유능하고 돈도 많이 버는 사업가였습니다. 그런데 덜컥 병석에 누운 것입니다. 그리고 의사는 그 환자에게 사형 선고를 내렸습니다.

이 여인은 그로부터 열심히 기도를 했습니다. 믿으라 해서 믿었습니다. 남편이 완쾌되고 사업이 복귀될 것을 말입니다. 그런데 믿음과는 상관없이, 그렇게 열심히 기도했는데도 남편은 죽었습니다.

장례식이 끝난 어느 날 이 여인이 목사님을 찾아왔습니다. 그러고는 말했습니다. "목사님, 저는 비로소 성경이 모두 하나님의 말씀이 아니라는 사실을 깨닫게 되었습니다."

"그게 무슨 말이십니까?" 목사님이 의아해서 되물었습니다.

그러자 여인은 말했습니다. "다른 성경 구절은 잘 모르겠는데요, 이것만은 분명히 하나님의 말씀이 아니라는 사실을 체험적으로 확인하게 되었습니다."

그러면서 목사님에게 내민 성경 구절은 요한복음 14장이었습니다. "너희가 내 이름으로 무엇을 구하든지 내가 행하리니 이는 아버지로 하여금 아들로 말미암아 영광을 받으시게 하려 함이라 내 이름으로 무엇이든지 내게 구하면 내가 행하리라"(요 14:13-14).

이 여인은 주님께서 무엇이든지 구하라고 하셔서 구했고 믿으라고 하셔서 믿었는데, 결과는 남편은 죽고 사업은 망했으며 자기는 비참한 지경에 처하게 되었다는 것이었습니다.

그러자 목사님이 뜻밖의 질문을 던졌습니다. "자매님, 성경에 무어라고 쓰여 있습니까?"

여인은 이내 대답하였습니다. "'너희가 내 이름으로 무엇을 구하든지 내가 행하리니'라고 되어 있지요."

목사님이 말하였습니다. "거기 나와 있는 '너희'는 자매를 가리키는 말이 아닙니다."

여인이 물었습니다. "무슨 말씀이십니까? '너희' 속에 제가 안 들어간다니요?"

그러자 목사님이 말하였습니다. "그 뒷부분을 읽어 보십시오."

여인은 천천히 성경을 읽었습니다. "너희가 나를 사랑하면 나의 계명을 지키리라"(요 14:15).

이윽고 목사님이 결론을 내렸습니다. "성경은 '너희'라는 말을 여러 범위로 쓰고 있습니다. 때로는 세상까지 포함해서 모든 사람을 그렇게 부르기도 하고 어떤 때는 교회만 가리키기도 하며 또 어떤 때는 믿는 자들 가운데 특별한 요건을 충족시키는 특정한 사람들만을 가리키기도 합니다. 그런데 자매가 믿었던 그 성경 본문은 단지 기도하는 모든 사람들에게 주신 말씀이 아니라 하나님을 믿고 그래서 그분의 계명을 지키고 주님을 사랑하는 사람들에게 주신 약속이었습니다."

오늘 성경은 말합니다. 주님께서 심한 통곡과 눈물로 기도하셨지만 하나님께서 그분의 기도를 들어주신 것은 단지 기도가 간절했기 때문만이 아니라 예수님의 삶이 하나님을 경외하는 삶이었기 때문이었습니다.

사도 요한은 같은 음성으로 우리에게 말합니다. "사랑하는 자들아……무엇이든지 구하는 바를 그에게서 받나니 이는 우리가 그의 계명을 지키고 그 앞에서 기뻐하시는 것을 행함이라"(요일 3:21-22).

새벽과 밤에 기도하신 이유

저는 몇 해 전까지만 해도 우리 예수님께서 왜 새벽과 밤에만 기도하셨는지 몰랐습니다. 왜 주님께서는 만물이 잠들어 있는 새벽과 사람들이 휴식을 취하는 깊은 밤에 기도하셨을까요?

낮이라 할지라도 광야로 나가시거나 한적한 숲으로 들어가시면 사람들로부터 방해받지 않고 얼마든지 기도하실 수 있었을 것입니다.

그분은 우리와 같이 연약한 육체에 둘러싸인 분이셨습니다. 과로하면 피곤하셨습니다. 주리면 배고프셨습니다. 아직 이른 새벽 미명에 피곤이 채 풀리지 않은 몸을 이끄시고 잠들어 있는 제자들 곁을 깰세라 살며시 지나 한적한 곳으로 나아가시는 주님의 모습을 묵상해 보십시오.

무엇 때문입니까? 무엇 때문에 주님께서는 이렇게 어려운 시간에 기도하시고자 하셨습니까?

제가 복음서를 묵상하면서 깨닫게 된 사실이 있습니다. 주님께서 이처럼 이른 새벽 미명의 시간과 깊은 밤 시간을 기도로 택하신 것은 무슨 특별한 뜻이 있어서가 아니라는 것이었습니다.

낮 시간에 온전히 하나님의 일을 하시기 위함이었습니다. 낮에는 병들고 가난하고 구원받아야 할 수많은 영혼들이 그분 곁에 있었습니다. 그리고 주님께서는 그들을 섬기셔야 했습니다.

이렇게 하나님을 섬기는 일이 방해받지 않기 위해서 주님께서는 깊은 밤, 새벽 미명 시간을 택하셨던 것입니다.

그분의 기도는 하나님을 섬기는 일을 방해하지 않았고, 하나님을 경외함으로 섬기시는 우리 주님의 헌신은 기도를 방해하지 않았습니다.

그러나 우리의 모습을 보십시오. 얼마나 초라합니까? 우리는 열심히 산다 치면 기도가 방해를 받고, 기도를 한다 치면 하나님을 섬기는 일들이 지장을 받기 일쑤입니다. 오, 주님께서 우리를 이 모든 부조화 가운데서 건져 주시기를…….

참으로 우리가 기억해야 할 것은 이것입니다. 기도하는 사람의 기도의 자세는 진지하고 간절해야 한다는 것입니다.

그럼에도 불구하고 하나님의 응답을 얻기 위해서는 이것으로는 충분치 않습니다. 먼저, 기도하는 사람의 삶이 주님의 영광을 위해서 사는 삶이어야 합니다. 삶의 목표가 주님의 이름을 높이고 그분을 섬기기 위한 경외하는 생활이어야 한다는 것입니다.

신자의 삶이 마차라면 간절한 기도와 경외하는 생활은 그 수레를 움직이는 두 개의 바퀴입니다. 둘 중 하나라도 없다면, 그 삶은 나아갈 수 없습니다. 승리하는 삶은 열렬한 기도와 하나님을 향한 경외로부터 옵니다.

경외하는 삶의 능력

분명한 것은 이것입니다. 오늘 예수님을 통해서 우리에게 보여 주는 참된 기도는 간절하기만 한 기도가 아니라는 것입니다. 참으로 주님을 경외하는 삶이 동반되지 않는 기도의 간절함은 육체로 흐르기 쉽고 뜨거움은 감정에 흐르기 쉽다는 것입니다.

성경이 무엇을 말합니까? 우리가 어찌해야 주님의 깊은 숨결을 느끼며 기도할 수 있겠습니까? 우리의 기도는 왜 이리 경박합니까? 우리의 기도는 왜 이리 사무적입니까? 우리의 기도는 왜 이리 얄팍합니까?

우리는 반드시 더 깊은 기도의 세계 속으로 들어가야 합니다. 그래야만 그 속에서 우리를 향하신 주님의 음성을 들을 수 있고 우리 영혼의 은밀한 곳에 능력을 부으시는 영적인 부흥을 경험할 수 있습니다.

우리는 기도 속에서 하나님의 친밀함을 느낄 수 있어야 합니다. 그때 우리의 기도는 그분의 임재 앞에서 드리는 기도가 되고, 그때 우리의 기도는 단지 필요한 바를 하나님 앞에 보고하는 것이 아니라 그 속에서 우리를 향하신 주님의 음성과 응답을 듣게 되는 것입니다.

누구에게 이러한 친밀함을 주십니까?

성경은 말합니다. "여호와를 경외하는 자 누구냐 그가 택할 길을 그에게 가르치시리로다……여호와의 친밀하심이 그를 경외하는 자들에게 있음이여……"(시 25:12-14).

우리에 앞서 이렇게 깊은 하나님과의 교제를 기도 속에서 누렸던 신앙의 선배로서 시인은 말합니다. "여호와께서는 자기에게 간구하는 모든 자 곧 진실하게 간구하는 모든 자에게 가까이하시는도다 그는 자기를 경외하는 자들의 소원을 이루시며 또 그들의 부르짖음을 들으사 구원하시로다 여호와께서 자기를 사랑하는 자들은 다 보호하시고 악인들은 다 멸하시리로다"(시 145:18-20).

눈을 들어 예수님을 바라보시기 바랍니다. 그분이 육체 가운데 오셨습니다. 그리고 기도하셨습니다. 심한 통곡과 눈물로 자신의 사랑하는 자녀들과 버림받은 세상을 위하여 간구와 소원을 올리셨습니다. 하나님께서 그분의 기도를 들으셨습니다. 죽음에서 능히 구원하실 수 있는 그 크신 능력으로 응답해 주셨습니다.

이는 우리 주님의 기도가 간절하였기 때문입니다. 사랑하는 아들의 통곡하는 울부짖음과 가슴 저며 흐르는 눈물을 향해 아버지께서 어떻게 얼굴을 외면하실 수 있었겠습니까?

이러한 사랑은 지금도 여러분을 향하여 계속되고 있습니다. 그리스도께서 기도하셨던 그 동일한 하나님 앞에서 여러분은 기도하고 있습니다.

맺는 말

예수님께서 겟세마네 동산에서 통곡과 눈물로 기도하실 때에 응답해 주시던 그 하나님이 이 교회의 주인이시며 여러분의 주인이십니다. 우리는 결단하고 주님께서 오르셨던 그 겟세마네 동산으로 올라가야 합니다. 그분이 통곡하며 기도하셨던 것처럼 우리도 우리 자신과 교회와 이 세상의 잃어버린 영혼들을 위하여 울부짖어야 합니다.

그리고 그분이 바람 부는 언덕 모퉁이에서 우리의 이름을 부르며 눈물 흘리셨던 것처럼 하나님의 거룩한 교회에 부흥을 주시기를 눈물로 기도해야 할 것입니다. 예수님의 기도를 들으셨던 하나님께서 이렇게 간구하는 우리의 기도를 외면치 아니하실 것입니다.

또한 예수님께서 단지 간절히 기도하실 뿐 아니라 온전히 주님을 섬기는 단 하나의 소망으로 사셨던 것처럼 우리들도 그렇게 살아야 할 것입니다. 그렇게 될 때에 우리는 더 깊은 기도의 세계 속으로 들어갈 것이며, 교회는 그리스도의 영광을 드러내고야 말 것입니다. 왜냐하면 우리 하나님께서는 우리를 죽음에서 능히 구하실 능력의 여호와이시기 때문입니다.

당신의 기도를 들으시는 하나님도 바로 그 하나님이십니다.

인간 풍조가 바뀌고 기독교에 대한 세상의 인식이 변천해도 하나님께서 영적 위기에 직면한 교회를 건지시는 방법은 항상 동일합니다. 시대는 흐르고 역사는 바뀌어도 하나님께서 교회를 다루시는 방법은 항상 동일합니다. 하나님의 말씀과 기도와 성령을 통해서 교회를 능력 있게 하신다는 것입니다. 기도는 하나님으로 하여금 거룩한 영을 교회에 부으시게 합니다. 하나님께서는 기도를 통하여 냉담한 그리스도인들의 마음 가운데 사랑과 은혜를 회복시키시고 기이한 능력으로 세상을 정복하게 만들어 주십니다.

제9장

영적인
위기를
극복한 교회

"열두 사도가 모든 제자를 불러 이르되
우리가 하나님의 말씀을 제쳐 놓고
접대를 일삼는 것이 마땅하지 아니하니
형제들아 너희 가운데서 성령과 지혜가 충만하여
칭찬받는 사람 일곱을 택하라
우리가 이 일을 그들에게 맡기고 우리는 오로지
기도하는 일과 말씀 사역에 힘쓰리라 하니"

행 6:2-4

교회의 영적 위기

우리가 교회의 영적 각성을 위해 섬기면 섬길수록 한 교회가 새로워지는 것이 얼마나 어려운지를 깨닫게 됩니다. 사도행전을 읽어 보면 교회가 직면하는 이러한 영적 위기는 결코 우리들만의 문제가 아니고, 교회가 이 땅에 서는 순간부터 부단히 계속되어 온 것임을 깨닫게 됩니다.

사도행전 속에서 초대 교회가 당면해야 했던 가장 심각한 문제는 영적으로 다가오는 위기들이었습니다. 우리는 사도행전 속에서 교회의 거룩한 영성과 순결에 도전해 오는 악한 영들의 세력을 만나게 됩니다.

이러한 영적 도전과 그에 대한 교회의 응전을 통해서 점철되어지는 영적인 싸움은 너무나 본질적인 것이기 때문에, 이것들에 대한 바른 인식 없이는 결코 하나님께서 원하시는 교회와 그리스도인의 모습을 세워 갈 수 없습니다.

초대 교회가 만난 몇 차례의 중대한 영적 위기 상황이 사도행전 앞부분에 기록되어 있습니다. 교회를 근본적으로 위협해 왔던 것은 외부로부터의 핍박이 아니라, 오히려 교회 자체의 문제에서 비롯된 것임을 발견하게 됩니다. 이러한 영적 위기는 오늘날에도 거의 동일한 유형으로 조국 교회에 다가오고 있습니다.

역사로부터 배운다

 이러한 영적 위기를 극복하기 위해서 여러 가지 방안을 마련하고, 궁리하게 되면 될수록 우리는 점점 더 이러한 상황 앞에서 얼마나 무기력한지를 깨닫게 됩니다. 그러나 이런 위기를 만날 때 허둥댈 필요가 없다는 것을 인하여 하나님께 감사합시다.

 교회가 맞이하는 영적인 어려움은 언제나 새로운 것이 별로 없습니다. 그래서 우리는 먼저 꼭 같은 영적 위기를 맞이하였던 초대 교회의 모습을 살펴보면서 그들이 어떻게 하나님의 인도를 받으면서 이러한 위기를 극복할 수 있었는지를 배워야 합니다.

 오늘 본문에 나타난 초대 교회의 위기 상황이 사도행전에서 처음으로 나타나는 교회의 위기는 아닙니다. 그러나 조국 교회는 이 본문을 통해서 교회의 생명에 관한 결정적인 가르침을 받게 됩니다.

 우리가 이 본문에 귀를 기울여야 하는 까닭은 첫째는 본문에서 경험된 초대 교회의 위기가 다른 경우와는 달리 겉으로는 위기로 드러나지 않은 채 다가온 심각한 도전이었다는 것이고, 둘째는 오늘날의 조국 교회가 이와 유사한 영적 도전에 직면하고 있다고 생각되기 때문입니다.

성령 강림 이후로

사도행전 2장에서 오순절 성령 강림을 경험한 교회는 그 후 엄청난 능력과 담대함으로 핍박의 칼날이 번득이는 예루살렘 거리에 그리스도인들을 쏟아 놓았습니다. 커다란 이적과 표적들과 함께 수많은 사람들이 빠른 속도로 교회 속으로 들어오게 되었습니다. 가슴 벅차는 구원의 감격이 거리마다 교회마다 이루어졌습니다.

몇 차례의 중대한 위협과 위기가 없었던 것은 아닙니다.

사도행전 4장에서 베드로와 요한이 제사장과 장로들로부터 소환을 받아 문초를 당하기도 했고, 다음 장에서는 아나니아와 삽비라가 성령을 속이는 범죄를 저지름으로 시체가 되어 들것에 실려 나가기도 하였습니다. 또 같은 장에서는 사도들이 모두 사로잡혀서 옥에 갇히는 위기를 맞기도 하였습니다.

그러나 교회를 향한 하나님의 보살핌은 환경을 능가하는 것이었습니다.

오늘 우리가 생각해 보고자 하는 본문은 사도행전 5장과 연결되고 있습니다. 사도들이 모두 투옥되었으나 천사의 기적적인 구출로 다시 성전에서서 백성들에게 복음을 전하게 되었습니다. 보다 못한 대제사장과 사두개파의 사람들은 다시 사도들을 잡아서 채찍질하며 예수의 이름을 전파하지 말라고 협박하기에 이르렀습니다.

그러나 그들은 오히려 그리스도를 위하여 고난을 받게 해주신 하나님을 찬양하면서 기쁨으로 쉬지 않고 복음을 전하였습니다. 그래서 오늘 성경은 말합니다. "그들이 날마다 성전에 있든지 집에 있든지 예수는 그리스도라고 가르치기와 전도하기를 그치지 아니하니라"(행 5:42).

이 같은 고난받는 사도들과 그리스도인들의 노력은 많은 결실을 가져왔습니다. 그래서 오늘 성경은 말합니다. "그때에 제자가 더 많아졌는데……"(행 6:1).

나뉘는 마음

여기서 '제자'라는 표현이 처음 나타났는데 이것은 사도들 이외의 신앙을 고백한 그리스도인들을 가리키는 것입니다.

초대 교회가 사회를 구제하는 가장 중요한 일 가운데 하나는 과부와 고아를 돌보는 일이었습니다(약 1:27). 아마도 이 과부들은 그들의 일용할 양식을 교회에서 직접 공급받았던 것 같습니다. 교인들이 늘자 자연히 교회가 돌보아야 할 과부들의 수도 많아지게 되었습니다.

이 사람들은 대개 두 부류로 나뉘어져 있었습니다. 한 부류는 헬라파 유대인들이었고, 또 한 부류는 히브리파 유대인들이었습니다. 이것은 인종에 의한 구분이 아니었습니다.

같은 유대인이지만 그들 중에는 이미 본토를 떠나 당시 통용어였던 헬라어를 사용하는 사람들이 있었습니다. 또한 본토에 살면서도 이미 헬라어에만 익숙해져 버린 사람들도 있었던 것입니다.

그리고 한 부류의 사람들은 같은 유대인으로서 아람어화한 히브리어를 말하는 히브리파 유대인들이었습니다.

사도들이 고의적으로 그랬을 리는 없겠지만, 어쨌든 이 일용한 양식을 공급받음에 있어서 헬라파 과부들은 뭔가 불만스러운 소외 의식을 느꼈던 것 같습니다. 그래서 히브리파 과부들을 원망하게 되었습니다.

사도행전 2장에서의 서로 물건을 통용하고 순전한 마음으로 서로 사랑하는 모습과는 대조가 되는 현실이었습니다. 이렇게 과부들을 위해 물질로 도와주는 일에는 아마 열두 사도들이 직접 나서서 일들을 주관했던 것 같습니다.

초대 교회에 있어서 구제는 이와 같은 중요한 위치를 점하는 것이었습니다. 이것은 예수님의 사역의 정신과도 일치하는 것이었습니다. 복음서 여러 곳에서 예수님께서는 과부들에 대한 관심과 애정을 보여 주셨습니다.

그럼에도 불구하고 교회의 가장 중요한 일 중 하나였던 구제가 초대 교회에 중대한 영적 위기를 가져왔습니다. 사랑과 이해가 가득 차 있던 교회에 원망과 불평이 들어오게 되었습니다.

좋은 일도 잘못하면

여기서 우리는 때로는 가장 기독교적인 일도 바르게 행해지지 아니하고 분명한 영적인 원리 속에서 이루어지지 아니하면 그 일이 가장 종교적인 일임에도 불구하고 교회의 영성에 중대한 위기를 가져오게 할 수도 있다는 엄숙한 진리를 발견하게 됩니다.

표면상으로는 큰 부흥을 이루게 되었고, 많은 그리스도인들이 모이는 세력 있는 교회가 되었습니다. 그러나 교회는 영적인 면에서 은밀하게 커다란 위기에 직면하게 되었습니다. 사도들은 성령에 붙잡힌 사람들이었습니다. 그들의 예리한 영적인 시각은 곧 그들이 직면하고 있는 문제점들을 분명하게 볼 수 있게 하였습니다.

교회가 어떠한 위기에 사로잡혀 있을 때, 그 위기에서 구출되는 것은 이러한 예리한 영적 통찰로부터 시작되는 것입니다. 예리한 영적 통찰로써 영적인 위기를 꿰뚫어 보고, 간절한 열망으로 기도함으로써 교회는 다시 한 번 말씀으로 돌아가게 되는 것입니다.

열두 사도들이 모였습니다. 열심히 구제함에도 원망과 불평의 소리가 그치지 않는 교회를 바라보면서 그들이 택한 것은 보다 공정하고 효과적인 구제 방안에 대한 토의를 하는 것이 아니었습니다. 불평하는 헬라파 과부들의 목소리에 귀를 기울이고 그들을 설득할 책임자를 지명하는 일이 아니었습니다.

그들은 교회의 영적인 상태를 점검했습니다. 그래서 모인 가운데 영적인 반성을 한 후에 다시 여러 교인들 앞에 나타납니다. "열두 사도가 모든 제자를 불러 이르되 우리가 하나님의 말씀을 제쳐 놓고 접대를 일삼는 것이 마땅하지 아니하니"(행 6:2).

그러나 사도들의 이 같은 진술은 몇 가지 점에서 상당한 의문을 갖게 합니다.

첫째로 이 과부들을 접대하는 일의 중요성을 외면하는 듯한 인상을 주고 있습니다. 예수님께서도 과부들에게 특별한 사랑을 베푸셨고, 그들의 비참함은 항상 예수님의 목회적인 관심의 주된 대상이었습니다.

더욱이 초대 교회에서는 과부를 돌아보는 그 자체가 경건임을 믿고 있었습니다. 그래서 야고보는 흩어진 그리스도인들에게 간곡히 권합니다. "하나님 아버지 앞에서 정결하고 더러움이 없는 경건은 곧 고아와 과부를 그 환난 중에 돌보고 또 자기를 지켜 세속에 물들지 아니하는 그것이니라"(약 1:27).

그런데 제자들이 초대 교회에서 이토록 강조되어 왔던 이 과부 구제의 중요성을 과소평가하는 것 같은 인상을 주기 때문입니다.

둘째로 이 사도들은 마치 말씀을 전하는 것과 과부를 구제하는 일이 서로 모순과 충돌을 일으키는 것처럼 흑백 논리로 나아가고 있다는 사실입니다.

마지막으로 이 사도들이 '말씀을 제쳐 놓고'라고 한 진술에서도 도저히 납득할 수 없는 점들을 발견하게 합니다.

정말 말씀을 제쳐 두었나?

우리들이 성경을 읽으면서 주의해야 될 것은 생생한 성경 본문을 대하여야 한다는 것입니다. 성경을 읽을 때 너무나 고정된 선입 관념에 마음이 더럽혀진 상태에서 본문을 대하게 됩니다. 그 결과로 너무나 귀중한 본문의 진리는 놓쳐 버리고 사소한 것에 매달리거나 진부한 결론을 붙듦으로써 성경의 진리가 가슴에 와 닿는 기쁨을 경험하지 못하게 됩니다.

우리의 이 같은 오류는 이 본문을 읽으면서도 그대로 반복됩니다.

우리는 흔히 이 본문을 읽으면서 이런 생각에 접하게 됩니다. 사도들이 성경 말씀을 전하지 않고, 성전에서 백성들을 가르칠 겨를도 없이 과부들을 구제하기 위하여 이리저리 바쁘게 뛰어다니는 모습을 상상합니다.

본문에 나오는 '접대를 일삼는 것'이라는 말은 헬라어 원문에 디아코네인 트라페자이스(διακονεῖν τραπέζαις)라고 되어 있습니다. 이 말은 문자적으로 '식탁을 차리는 것'을 의미합니다. 그렇다면 우리의 상상은 더 나아가서 앞치마를 두르고 음식을 나르는 사도들의 모습을 생각해야 할 것입니다. 그러나 초대 교회와 제자들의 사역의 정황에 대해서 조금만 더 깊이 생각한다면, 이런 상상은 곧 엉뚱한 비약임을 깨닫게 될 것입니다.

사도들은 오순절 성령 세례 이후로 그리스도의 복음에 매인 사람들이었습니다. 잃어버린 영혼들에 대한 불붙는 열정을 가지고 있었던 사람들이었습니다. 그들의 가장 중요한 일은 복음을 전하는 것이었습니다.

지금 문제를 일으킬 정도로 많아진 이 교회 교세의 성장도 그들이 핍박을 두려워하지 않고 복음을 전한 때문이었습니다. 그래서 성경은 "그들이 날마다 성전에 있든지 집에 있든지 예수는 그리스도라고 가르치기와 전도하기를 그치지 아니하니라"(행 5:42)라고 전합니다.

이렇듯 예수 그리스도에 대한 열정, 복음을 위한 열망에 사로잡혔던 제자들이 신자의 수가 늘어나자 그들을 접대하기 위하여 말씀을 제쳐 놓았다는 것은 인정할 수 없는 발언입니다.

합당한 반성

그럼에도 불구하고 사도들은 아주 부끄러운 고백을 성도들 앞에서 스스럼없이 하고 있습니다. "……우리가 하나님의 말씀을 제쳐 놓고……"(행 6:2).

매일 복음을 전하러 나갔을 것입니다. 정규적인 예배도 그대로 드려지고 있었을 것입니다. 때가 되면 제자들은 전과 다름없이 예수 그리스도의 복음을 전하였고, 말씀으로 성도들을 가르쳤습니다. 그럼에도 불구하고 자신들의 사역과 교회의 영적인 상태에 대한 그들의 평가는 '우리는 말씀을 제쳐 놓고 있다.'라는 것이었습니다.

말씀, 이것은 크게 두 가지로 이해되었습니다. 밖으로 불신자를 향하여 전파되는 복음과 안으로 성도들의 교화를 위하여 선포되는 하나님의 말씀이었습니다.

구제를 하면서도 여전히 예수님의 이름은 선포되고 있었고, 과부들을 접대하는 데 사도들이 관여하면서도 하나님의 말씀은 여전히 가르쳐지고 있었습니다. 다른 사람들이 거의 못 느낄 정도로 교회는 예전과 거의 같았습니다. 외면적으로는 여전히 말씀 중심의 교회였습니다. 집회의 횟수가 줄어든 것도 아니고, 전도 계획에 중대한 차질을 맞게 된 것도 아니었습니다.

그러나 오늘 사도들은 교회와 자신들의 사역에 대해 뼈아픈 반성을 하고 있습니다. 외면적으로 이 초대 공동체는 여전히 말씀 중심의 집단이었고, 사도들의 사역은 여전히 말씀을 전하고 가르치는 삶이었습니다. 그러나 그들의 영적인 상태는 이미 갈리기 시작하고 있었습니다. 교인들은 말씀을 듣기는 해도 마음은 불평등한 구제로 말미암아 원망과 불평이 깃들게 되었습니다. 처음 사랑과 이해는 간 곳이 없고 예리한 이해 관계에 대한 의식이 고개를 들기 시작했습니다. 그들의 마음은 이미 말씀을 떠나고 있었습니다.

사도들은 사도들대로 힘을 다해서 말씀을 전하고, 예전과 다름없이 예수님께서 가르쳐 주신 교훈을 가르치지만 그들의 마음은 과부들을 구제하는 복잡한 일로 온통 빼앗겨 있었습니다. 마음이 빼앗겨 버린 교인들, 직업적으로 흐르는 말씀의 봉사, 이 모든 것은 예루살렘 교회를 점점 심각한 영적 위기로 몰고 갔습니다.

우리는 어떠한가?

혹시 이 예루살렘 교회의 위기를 이 시대의 교회들이 그대로 경험하고 있는 것을 여러분은 아십니까?

저는 조국 교회 속에서 이 같은 위기의 반복을 봅니다. 매 주일 설교는 행해지지만 신자들의 마음은 더 이상 말씀하시는 하나님께 귀를 기울이는 데 있지 않습니다. 대부분의 그리스도인들은 그 예배와 말씀을 통하여 하나님을 만나는 것에 관심이 있는 것이 아니라, 교회에서 종교적 위안을 얻거나 부도덕한 삶을 교회 생활로 보상해 보려는 태도로 교회에 나옵니다.

하나님의 나라는 비록 그 시작이 티끌처럼 작은 겨자씨와 같아도 새들을 깃들게 할 수 있으리만치 아름드리나무로 자랄 수 있습니다. 그러나 그것은 오직 말씀을 받아들이기 위해서 마음을 기울이는 심령들에게만 해당되는 능력입니다.

속지 마십시오. 여러분의 마음이 하나님을 향하고 그분을 향해 기울여지지 않는 한, 말씀은 비록 하나님의 말씀이지만, 그 말씀의 능력은 여러분과는 관계없습니다. 성경에 대한 지식은 향상될지 모르나 하나님을 아는 지식에 있어서는 여전히 가난함을 면치 못할 것입니다.

마태복음에 나오는 씨 뿌리는 비유를 기억해 보십시오. 돌밭에 뿌려진 말씀의 씨앗을 상기해 보십시오. 가시떨기에 뿌려졌던 말씀의 씨앗을 회상해 보십시오.

그것은 하나님의 말씀이었습니다. 전능하신 하나님의 말씀이었습니다. 말씀의 씨앗, 그것은 작은 하나님의 나라였습니다. 그럼에도 불구하고 새들에게 먹혀 버렸습니다. 아무런 힘도 없이 나온 싹이 말라 버렸습니다.

설교는 있으나 말씀의 능력이 나타나는 현장을 좀처럼 경험하지 못합니다. 성경 공부는 있으나 모임 속에서 말씀은 제쳐져 있습니다. 우리의 마음이 하나님을 향하지 않고 있고, 그분의 말씀에 심령을 기울이는 겸손하고 가난한 마음이 우리에게 없습니다.

힘써야 할 일

이 시대의 가난하고 힘이 없는 교회를 위해서 사람들은 많은 문제들을 지적하고 여러 이야기들을 논의합니다. 그러나 무엇보다도 조국 교회의 그리스도인들이 말씀을 제쳐 놓은 삶을 회개하고 주님 앞에서 정직하게 돌아서지 않는다면 우리들의 교회도, 역사도 소망이 없습니다.

형식적으로 선포되는 설교가 아니라, 가슴 저미는 열망과 하나님의 바른 시각 속에서 말씀이 선포되어야 할 것입니다. 무엇보다도 반복되는 설교를 듣는 것과 말씀에 대한 안일하고 사무적인 태도가 교정되어야 합니다. 말씀 속에서 하나님을 만나는 은혜로움이 자신과 멀게 느껴지면 느껴질수록 자기가 얼마나 하나님을 떠나 있으며 자신의 심령이 얼마나 하나님의 말씀을 제쳐 놓고 살아온 심령인지를 회개해야 할 것입니다.

이 같은 영적 위기에 대한 사도들의 처방은 분명히 성령의 인도하심을 받은 것임에 틀림없습니다. 본문은 말합니다. "형제들아 너희 가운데서 성령과 지혜가 충만하여 칭찬받는 사람 일곱을 택하라 우리가 이 일을 그들에게 맡기고 우리는 오로지 기도하는 일과 말씀 사역에 힘쓰리라 하니" (행 6:3-4).

사도들은 교회의 이 같은 영적 위기는 결코 외형적으로 말씀을 전파하지 않거나, 또는 예수님께서 가르쳐 주신 교훈을 가르치지 않기 때문이 아니라는 사실을 깨닫게 되었습니다. 그래서 그들은 먼저 자신들의 위협받는 영성을 재건하기로 결심합니다. 그리고 이 같은 노력에 의해서 교인들의 영적인 어려움들의 실체를 보여 주고 그들로 하여금 다시 한 번 하나님의 말씀 앞에 서게 하기를 결단합니다.

"우리는 오로지 기도하는 일과 말씀 사역에 힘쓰리라."

기도를 앞세우다

여기서 우리는 매우 중요한 한 가지 사실을 주목하고 넘어가야 합니다. 사도들이 교회의 봉사를 위해 일곱 집사를 선택한 것은 말씀을 제쳐 두지 않고 말씀으로 온전히 봉사하기 위함이었는데, 막상 일곱 집사를 선택하고

난 다음에는 사도들의 말이 달라집니다. "우리는 오로지 기도하는 일과 말씀 사역에 힘쓰리라 하니"(행 6:4).

말씀을 전하는 것 외에 한 가지가 더 추가됩니다. 그것은 '기도하는 일'이었습니다. 이것은 하나님의 말씀을 통해 영향을 받는 것이 기도와 얼마나 밀접한 연관을 맺고 있는지를 보여 주는 것입니다. 기도의 교제를 상실한 마음에 하나님의 말씀이 들려올 리 없습니다. 하나님의 말씀에 귀 기울이지 않는 기도의 세계가 하나님 중심일 리가 없습니다.

이 능력에 찬 예루살렘 교회가 갑자기 영적인 위기에 처한 것을 보면서 사도들이 택한 대처 방안을 보십시오.

"기도하는 일과 말씀 사역에 힘쓰리라."

이 얼마나 진부한 결론입니까? 그러나 여러분은 기억하십시오. 시대는 흐르고 역사는 바뀌어도 하나님께서 교회를 다루시는 방법은 항상 동일합니다. 하나님의 말씀과 기도와 성령을 통해서 교회를 능력 있게 하신다는 것입니다.

이 시대의 교회가 수없이 많은 영적 위기를 맞으면서 사람의 지혜로 생각해 낼 수 있는 것은 모두 동원해 보았습니다. 그럼에도 불구하고 역사 앞에서 한없이 초라한 교회의 모습을 봅니다. 도도히 흘러가는 시대의 조류를 거스를 복음의 능력을 상실하고 현실 적응과 타협의 수완만 늘어 가는 교회의 모습을 봅니다.

우리는 무엇을 하는가?

교회를 하나님의 교회답게 세우고자 하는 우리의 수많은 노력들이 무엇을 가져다주었습니까?

조국 교회가 이 시대 속에서 아무것도 하지 못했다고는 말할 수 없지만, 영광스러운 부흥을 누리던 시대의 교회가 일구었던 장엄한 선교적 성과와 사회 변혁의 영향력들을 잃어 가고 있습니다.

역사 속에서 하나님의 뜻을 드러낼 수 있는 많은 기회들을 무책임하게, 별로 중요하지도 않은 일에 몰두하느라고 놓쳐 버리고 있습니다. 가치 있는 고난을 받으면서 하나님의 나라를 완성해 가는 도구로 살아가기보다는 무가치한 안일을 택하느라고 용맹스러운 복음의 공동체로서의 특성을 잃어 가고 있습니다.

교회로 하여금 현실에 잘 적응하게 하려는 인간적인 요령이나 세속의 풍조와 쉽게 타협하는 능숙한 양보의 정신만으로는 교회 앞에 다가오는 거대한 영적 싸움에서 그리스도인들을 붙들어 주지 못한다는 것입니다.

2,000년 전 우리와 꼭 같은 영적인 위기의 파도를 넘어서 흑암에 사로잡힌 세상을 향해 다시금 항해해 나아가는 예루살렘 교회의 승리의 함성 속에서 여러분은 무엇을 느낍니까? 시대는 바뀌고 역사는 갈리어도 교회가 직면하는 영적 위기의 유형은 항상 동일합니다. 인간 풍조는 바뀌고 기독교에 대한 세상의 인식은 변천해도 하나님께서 영적 위기에 직면한 교회를 건지시는 방법은 항상 동일한 것입니다.

교회를 건지시는 방법

이 본문 속에서 성령의 능력으로 충만했으면서도 영적인 위기에 직면해야 했던 교회의 모습을 봅니다. 그 속에서 말씀을 제쳐 놓은 사도들과 그리스도인들의 영적인 실패를 봅니다.

그와 더불어서 하나님께서 이 엄청난 위기에서 교회를 건지시고 우리 그리스도인들을 건지시는 방법에 교회가 눈떴던 것을 봅니다. 하나님께서 교회가 말씀으로 돌아가는 삶을 통해 영적 위기 속에서 아무 힘도 발휘할 수 없었던 자들을 새롭게 무장시키셨던 것입니다.

무엇보다도 그들은 이렇게 하나님의 교회가 말씀을 통하여 세상에 거룩한 영향을 끼치는 공동체가 되기 위하여 지도자들과 온 교회가 기도에 헌신된 삶을 살지 않으면 안 된다는 사실을 직시하게 되었습니다. 기도는 하나님으로 하여금 거룩한 영을 교회에 부으시게 합니다. 하나님께서는 기도를 통하여 냉담한 그리스도인들의 마음 가운데 사랑과 은혜를 회복시키시고 기이한 능력으로 세상을 정복하게 만들어 주십니다.

사도들은 자신들의 교회의 본질적 회복을 위하여 이 같은 기도의 회복이 절박함을 인식하게 되었고, 이러한 기도의 회복을 위하여는 자신들의 마음이 나뉘어지지 말아야 할 것을 알게 되었습니다.

여러분은 영적인 위기 속에서 신음하는, 이 거대한 예루살렘 교회의 신음 소리 속에서 무엇을 느낍니까? 그리고 이 영적인 위기를 극복하고 환호성을 지르며, 어두운 세상을 향해 복음을 들고 달려가는 회복의 함성 속에서 무엇을 보고 계십니까?

성숙한 결단과 반응

가장 중대한 영적 위기를 넘길 수 있었던 것은 교회가 위기를 극복하는 올바른 하나님의 방법을 택했기 때문입니다. 그것은 사도들이 간파한 것이었습니다. 보다 중요한 것은 그 결정이 단순히 사도들이 택했다는 데 있는 것이 아니라, 하나님께서 영적 위기에 빠진 교회를 살리시기 위해 예비한 방법을 그들이 바르게 택했다는 데 있습니다.

그러나 저는 여기서 사도들의 이 같은 올바른 선택을 성도들이 따라 주지 않았더라면 교회의 위기는 한층 더 심각한 양상으로 오래 머물렀을 것이라는 생각이 듭니다. 사도들이 말합니다. "우리는 오로지 기도하는 일과 말씀 사역에 힘쓰리라……"(행 6:4).

이에 대한 예루살렘 교회 성도들의 반응에 대해 성경은 이렇게 말합니다. "온 무리가 이 말을 기뻐하여……"(행 6:5).

교회가 영적 위기를 극복하는 데 있어서 성도들의 분별력 있는 반응은 대단히 중요합니다. 교회에 몸담은 그리스도인들의 성숙한 반응은 교회로 하여금 영적인 위기를 넘어가게 하는 중요한 요소인 것입니다.

오늘 어두운 영적 위기 속에서 흔들리던 예루살렘 교회가 승리의 함성으로 다시 한 번 흑암의 세력을 향해 다가가는 모습을 보십시오. 영적인 위기를 극복한 이 교회의 형편에 대해서 성경은 증언합니다. "하나님의 말씀이 점점 왕성하여 예루살렘에 있는 제자의 수가 더 심히 많아지고 허다한 제사장의 무리도 이 도에 복종하니라"(행 6:7).

교회는 자신의 영적 도전 앞에 바르게 반응하기 위해 '기도하는 일과 말씀 사역'을 택했지만, 하나님께서는 그 교회에 말씀의 흥왕함을 주셨고 급기야 사도들을 핍박하던 허다한 제사장들까지도 그리스도인들로 만들어 버리셨습니다.

예루살렘 교회가 이 영적 위기를 극복하는 모습을 보십시오. 그것은 하나님께서 친히 하신 일이었습니다. 사도들의 예리한 영적 통찰력을 사용하셨습니다. 성도들의 성숙하고 신앙적인 반응들을 통해서 이 위대한 일을 이루셨던 것입니다.

이 시대의 역사는 우리들의 교회의 분깃이고, 우리는 조국 교회가 하나님의 나라를 건설하는 데 유용한 공동체로 거듭나도록 기도하여야 합니다.

하나님께서 예루살렘 교회로 하여금 영적인 위기를 극복하게 하셨던 방법은, 곧 오늘날의 힘 잃은 교회들을 살리시는 하나님의 방법입니다. 그리고 그 방법은 바로 교회로 하여금 기도로 돌아가게 하시는 것이었습니다.

이것은 개인에게나 교회에 동일한 원리입니다.

맺는 말

여러분은 자신의 영적인 삶에 만족합니까? 무기력해 가는 신앙 생활에 위기를 느끼지 않습니까? 먼저 교회가 기도하는 집이 되고 있는지 점검해 보십시오.

여러분의 심령의 지성소에 여전히 기도의 향불이 피어오르고 있습니까? 그 지성소에 하나님의 말씀을 듣는 교제가 있습니까?

역사는 바뀌어도 위기에 빠진 교회를 건지시는 하나님의 방법은 동일합니다. 세월은 변해도 위기에 빠진 여러분의 영혼을 소생시키시는 하나님의 방법은 동일합니다.

쉽게 넘어설 수 없는 영적인 위기 상황 앞에서 예루살렘 교회는 "우리는 오로지 기도하는 일과 말씀 사역에 힘쓰리라."라는 결론에 도달하였습니다.

이 고백 속에서 교회와 우리는 무엇을 결단해야 합니까?

기도의 능력이 우리의 마음에 담긴 것처럼 우리의 경건도 마음에서부터 시작됩니다. 잊지 말아야 할 것은 우리의 마음속에 있는 것들은 결코 선하고 정결한 무엇이 아니라, 끊임없이 불의한 것을 탐하고 정욕을 사랑하며 고달픈 경건의 영적 훈련을 피하고자 하는 육체의 소욕이라는 사실입니다. 거듭난 그리스도인의 성품은 이러한 육체의 소욕을 거슬러 살도록 도전합니다. 그래서 우리 안에는 싸움이 있습니다. 끊임없이 경건한 마음과 생각 속에서 살아가기를 간구하십시오.

제10장

경건과 기도

"그가 경건하여
온 집안과 더불어 하나님을 경외하며
백성을 많이 구제하고
하나님께 항상 기도하더니"

행 10:2

하나님과의 관계가 새로워진 교회

여러 해 전에 청년들이 모인 집회를 인도한 적이 있었습니다. 별로 하나님의 은혜에 대한 간절한 갈망도 없이 모인 모임인 듯하였습니다.

그러나 하나님께서는 집회 시작하는 날 저녁부터 강력한 회개의 역사를 부어 주셨습니다. 기이한 성령의 역사를 동반한 가슴을 찌르는 회개의 역사가 공동체를 가득 메웠습니다. 그리고 그러한 회개가 끝나자 놀라운 성령의 은사들이 내리기 시작하였습니다.

모인 지체들은 하나님의 긍휼을 부르짖으며 매달렸습니다. 저녁 일곱 시 반쯤 시작된 집회가 설교가 끝난 후 인도자도 없이 애통해 하는 기도와 함께 새벽 두세 시까지 계속되었습니다.

하나님께서는 이처럼 당신과의 관계가 새로워진 교회들에게 기도할 수 있는 축복을 주십니다.

기도는 생명이다

기도하지 못하게 하고 간구하는 영을 질식시키는 것은 죄와 부패한 무감각이 그 원인입니다. 기도는 그리스도인의 공동체 속에서 한때의 운동으로 다루어질 수 없는 교회의 생명과 관계된 특성을 가지고 있습니다.

"내 집은 만민이 기도하는 집이라"(사 56:7, 막 11:17)라고 할 때 그것은 기도하는 모습 그 자체가 교회의 특성이 되어 버린 것을 의미합니다.

아름다운 건물이 교회의 특성이 되는 것이 아니고, 수많은 사람들이 모이는 것이 교회의 본질적인 부르심이 아닙니다. 예배 중에 들리는 현란하고 공교한 노랫소리가 교회의 참모습을 보여 주는 것도 아닙니다. 실로 잃어버린 영혼들과 시대 속에서 짓밟혀 가는 하나님의 나라와 의를 위한 기도가 교회의 특징이 되어야 할 것입니다.

기도하는 그리스도인 없이는 결코 기도하는 교회가 될 수 없습니다.

교회가 기도할 때 거기에는 말씀으로 말미암는 역사가 있습니다. 공동체가 기도할 때, 거기에는 죄인을 변화시키는 생명력이 약동합니다. 그 속에서 심령들은 하나님의 사랑을 느끼게 됩니다. 하나님에 관한 풍성한 지식에 도달하게 됩니다. 성경이 우리들에게 주는 교훈 중 하나는 기도가 가진 무한한 가능성의 약속입니다. 그리고 그러한 무한한 가능성에 대한 희망을 가능하게 하는 것은 기도의 능력입니다.

성경은 여러 곳에서 기도가 다만 모두 같은 종교적 행위라고 가르치지 않고 그 기도의 능력에 차이가 있음을 말해 줍니다.

　사도행전의 초대 교회가 암울한 시대 속에서 핍박과 더불어 영광을 받으며 쓰임받는 모습 속에서 우리는 기도하는 교회의 능력을 발견하게 됩니다.

기도의 능력은 어디서 오는가?

　"무엇이 우리들의 기도를 능력 있게 하는가?" 이 질문은 우리가 기도하고자 하는 한, 그리고 기도 제목이 이루어지기를 열망하는 한, 영원히 계속될 우리들의 관심거리입니다.

　사도행전 3장은 예루살렘의 초대 교회가 오순절의 성령 세례를 받은 직후의 일을 기록하고 있습니다. 예수님께서 부활하신 후 두려워 떨며 모여 기도하고 있을 때에 성령 세례가 있었습니다. 강력한 성령의 역사를 체험한 예수님의 제자들이 제일 먼저 시작한 일은 복음을 전하는 것이었습니다.

　순식간에 3,000여 명의 회심한 그리스도인이 교회에 들어왔고 하나님께서는 그들을 통해 계속해서 새로운 회심자들을 교회에 더하고 계셨습니다. 그러던 어느 날 성도들과 함께 사도들이 기도하려고 성전에 올라가고 있었습니다.

　유대인들은 관습적으로 하루에 세 번, 즉 이른 아침, 오후 세 시, 그리고 황혼 무렵에 성전에 올라가서 기도하였습니다. 사도행전에 기록된 '제구시 기도 시간'은 그중 오후 세 시 기도 시간을 의미합니다(행 3:1).

　그런데 그 성전 미문이라는 곳에는 나면서부터 앉은뱅이 된 자가 구걸하고 있었습니다. 그는 구걸하기 위해서 베드로와 요한을 쳐다보았으나 베드로의 기도로 나음을 입게 되었습니다.

너무나 기쁜 나머지 뛰고, 걷고, 찬미하던 이 거지가 드디어 정신을 차리고 자기를 고쳐 준 베드로와 요한을 붙잡았습니다. 모든 백성들이 모여들었습니다.

이때 베드로가 모인 무리들에게 말합니다. "……이스라엘 사람들아 이 일을 왜 놀랍게 여기느냐 우리 개인의 권능과 경건으로 이 사람을 걷게 한 것처럼 왜 우리를 주목하느냐"(행 3:12). 이 말은 이 같은 놀라운 이적을 보면서 하나님을 찬미하는 대신 인간인 자신들에게 관심을 가지려는 유대인들의 불신앙을 책망하는 것입니다. 즉, 하나님을 바라보라는 것입니다.

이적의 목적은 하나님께서 '믿음을 심어 주심으로 영광을 받으시려는 것'입니다. 앉은뱅이가 단번의 기도로 일어나 걷고 뛰며 주님을 찬양하게 된 것은 전적인 하나님의 역사였습니다. 베드로의 선포 속에서도 우리는 그 같은 메시지를 분명히 느낄 수 있습니다.

권능의 의미

그러나 또 한편으로 보면 이것은 하나님께서 기도의 사람 베드로와 요한을 사용하신 사건입니다. 오늘 우리가 눈여겨보려고 하는 것은 사도행전 3장 12절 하반절에 나타난 '우리 개인의 권능과 경건으로'(ὡς ἰδίᾳ δυνάμει ἢ εὐσεβείᾳ)의 문제입니다. 이 '권능'은 원어상으로는 '능력'과 같은 말입니다. 그러면 이 '권능' 곧 '능력'은 무엇일까요?

능력의 근원은 하나님이시지 개인의 경건이 아닙니다. 그러나 하나님께서는 경건한 사람을 사용하셔서 당신의 능력을 보여 주십니다.

절망적인 상황 가운데 놓여 있는 병자를 향해 베드로와 요한이 "나사렛 예수 그리스도의 이름으로 일어나 걸으라."라고 명하면서 손을 잡아 일으켜 세웠습니다(행 3:6-7). 병자를 향하여 명하는 장면이 사도행전에 여러 번 나오는데 이것은 단순한 명령이 아닙니다. 하나님의 아들을 제외하고 병마를 향해 명령할 수 있는 권세를 가진 사람이 또 누가 있겠습니까? 우리는 다만 예수님께서 그 권세를 우리에게 주셨으므로 그 같은 일을 할 수 있는 것입니다. 따라서 이 같은 병 나음에 대한 명령은 병마에 대한 명령인 동시에 하나님에 대한 기도를 포함하고 있습니다. 그래서 본문에서도 "나사렛 예수 그리스도의 이름으로 일어나 걸으라."라고 말하고 있는 것입니다.

베드로와 요한을 통해 하나님의 탁월한 능력이 나타난 모습을 보며 우리는 힘없는 이 시대의 교회가 상실하고 있는 것이 무엇인지를 생각하게 됩니다.

고치시는 하나님

복음서 속에서 예수님에 관한 지울 수 없는 인상이 있다면 그것은 그분이 병마로 고통받는 백성들을 단지 위로하시는 분이 아니라, 치료하시고 그 사건을 통해서 궁극적으로는 그들의 영혼을 하나님께로 인도하시는 분이라는 인상입니다.

우리는 하나님께서 우리들을 훈련시키시고 자신이 원하는 사람으로 만드시기 위해서, 더 큰 주님의 계획을 이루시기 위해서 때로는 우리들을 육신의 연약함 가운데 두시기도 한다는 사실을 부인하지 않습니다. 그리고 때로는 그러한 아픔이 우리들을 향한 하나님의 관심일 수도 있다는 사실을 잊지 않습니다.

그러나 또 한편으로 성경이 보여 주는 진리는 하나님께서 권능으로 병을 낫게 하시기도 한다는 사실입니다. 이것은 신앙의 본질적인 것은 아니지만, 믿음은 이런 것들을 배제하고는 앙상한 이념밖에 남지 않습니다. 다시 말해 신앙이 신비주의를 지향할 수는 없는 것이지만, 신앙적인 삶은 항상 이런 신비스러운 경험의 가능성 아래 놓여 있다는 것입니다.

경건의 비밀

이 같은 병 나음을 가능하게 했던 것으로서, 베드로는 '권능'과 '경건'을 들고 있습니다. 이것은 베드로가 말하는 바와 같이 결코 개인에게 원래 속해 있는 것들이 아니었습니다. 하나님 없이는 결코 일어날 수 없는 일이었다는 사실입니다.

이것이 비록 개인의 능력으로 말미암은 것은 아니었습니다만 분명히 능력인 것만은 부인할 수 없습니다. 정확히 말하면, 베드로는 지금 "이 일을 왜 놀랍게 여기느냐. 우리가 우리의 권능으로 이 사람을 걷게 한 것처럼 왜 우리에게 관심을 갖느냐."라고 반문하는 것입니다.

이것은 명백하게 하나님으로 말미암아 이루어진 일이었습니다.

그런데 주목하고자 하는 것은 이 '권능'이 '경건'이라는 말과 함께 하나로 묶여서 나타나고 있다는 것입니다. 하나님의 '권능'과 '경건', 성경은 여러 곳에서 '경건'과 '능력', 이 두 단어를 묶어 놓고 있습니다.

디모데후서에서는 경건의 능력을 말합니다. "경건의 모양은 있으나 경건의 능력은 부인하니 이 같은 자들에게서 네가 돌아서라"(딤후 3:5).

누가복음 1장에서는 세례 요한의 나타남에 대해 예언의 말씀을 기록하는 가운데 그의 경건한 심령과 능력을 연결 지어 설명하고 있습니다. "그가 또 엘리야의 심령과 능력으로(ἐν πνεύματι καὶ δυνάμει Ἠλίου)……백성을 준비하라"(눅 1:17).

사도행전 10장은 오순절 이후 그리스도의 복음이 이방인들에게로 전해지기 시작하는 역사적인 사건을 기록하고 있는 부분입니다. 이 복된 복음의 물결에 처음 발을 딛게 되는 사람이 이탈리아 군대의 백부장 고넬료라고 전하고 있습니다.

그의 기도가 어떻게 응답받았는지에 대하여 소개하면서도 성경은 경건을 말하고 있습니다. "그가 경건하여 온 집안과 더불어 하나님을 경외하며 백성을 많이 구제하고 하나님께 항상 기도하더니"(행 10:2).

경건은 두려움이다

권능이 능력을 의미한다면, 경건은 하나님과의 올바른 관계 안에서 그분을 두려워하고 사랑하는 것을 말합니다.

기도의 능력은 우리 속에 내재하는 어떤 것이 아니라 하나님께 속한 것입니다. 하나님께서 자신의 필요에 의해 능력을 주시는 것처럼, 어느 순간 하나님께서 우리의 기도에 능력을 부어 주십니다. 기도하는 우리로 하여금 영적인 분별력을 갖게 하시는 한편, 우리의 기도를 통해 역사하시는 살아있는 증거들을 보여 주십니다.

기도할 때마다 우리는 심령을 괴롭히는 악한 권세들이 더 큰 하나님의 권능으로 깨어지고, 우리 자신이 거룩한 하나님 앞에 쏟아부어지고 있는 것을 경험하게 됩니다. 기도 속에서 우리는 하나님의 말씀대로 살아가고 있지 못하는 부패한 자신의 모습을 발견하게 되고 이것 때문에 하나님을 더욱 두려워하게 됩니다.

뿐만 아니라 죄의 회개 속에서 분명히 하나님의 용서하심을 경험하게 되고 하나님과의 관계가 회복되는 것을 경험하게 됩니다.

기도가 우리의 삶 속에서 동떨어진 어느 한 부분에 존재하는 종교적 행위로 머물러 있을 수 없게 됩니다. 기도는 골방에서 끝났어도 그 기도 속에서 하나님을 만났던 임재 의식은 살아 있어서, 하루의 삶 속에서 우리로 하여금 하나님 앞에 살도록 도와줍니다. 더욱더 깊은 기도를 위해 성결한 삶을 살기 원하는 열망을 갖게 됩니다. 이런 것들이 바로 능력 있는 기도의 모습인 것입니다.

능력 있는 기도의 기초는 경건입니다. 성경이 경건에 관해서 말할 때, 대체로 세 가지 방향에 대해 언급합니다. 그것은 행동의 경건, 말의 경건, 마음의 경건입니다. 우리가 드리는 기도가 더욱 능력 있는 것으로 나타나기 위해서는 살아가는 삶의 모습이 경건해야 하며 우리의 심령이 경건으로 차 있어야 한다는 것입니다.

본문에서 '경건'으로 번역된 헬라어 유세베이아(εὐσέβεια)는 '좋게'를 의미하는 유(εὖ)와 '두려움'을 의미하는 세바스(σέβας)의 합성어입니다. 여기서 세바스는 '두려워하다.'라는 의미의 세보마이(σέβομαι)에서 나온 말입니다. 다시 말하면, '경건'은 '바람직한 두려움'을 뜻합니다. 이 '바람직한 두려움'은 결코 공포에 사로잡힌 상태를 가리키지 않습니다. 이것은 우리 자신이 거룩하신 하나님의 임재 앞에 서 있다는 의식을 갖는 것입니다.

하나님이 교회 안에만 있다고 느끼는 사람들은 예배가 끝나고 교회를 떠나가는 순간부터 경건을 잃어버리고 맙니다. 이처럼 그리스도인들이 모여 있는 곳에만 하나님이 계시다고 생각하는 그리스도인들은 모임이 흩어지는 순간부터 그리스도인으로서의 정체를 벗어 버리고 맙니다. 다만 기도 중에만 하나님이 나를 보고 계시다는 생각을 가진 사람들은 기도가 끝나는 것과 함께 온갖 불경건한 생각을 하면서도 가책을 느끼지 않습니다.

위선자의 기도

오늘날 그리스도인의 모습과 떼어 놓을 수 없는 인상은 '위선'이라고 세상 사람들은 말합니다. 교회 안에서 쓰는 어휘가 따로 있고 세상 친구들을 만나서 쓰는 용어가 따로 있습니다. 성도들의 교제 속에서 보여 주는 행동은 성결해 보이나 일단 자신이 그리스도인이라는 사실을 숨길 수 있는 상황이 되기만 하면 너저분한 행동을 하면서도 가책을 느끼지 못합니다.

이것은 결코 정상적인 그리스도인의 모습이 아닙니다. 이 사람들은 결코 '바람직한 두려움', 곧 경건의 영향력 아래서 살아가는 사람들의 모습이 아닙니다. 이 같은 사람들이 기도의 능력을 경험하지 못하는 것은 너무나 당연한 것입니다.

기도의 능력은 우리가 그 기도 속에서 하나님을 뵙게 되는 데서 비롯되는 것입니다. 기도 속에서 하나님과 만나는 은혜가 있기에 우리는 우리의 미련한 지식을 버리고 하나님의 지혜를 깨닫게 됩니다. 간구하고 부르짖는 가운데 예수 그리스도와 만나는 감격이 있기에 우리는 기도를 마칠 때마다 우리의 심령이 그분의 숨결로 가득 채워지는 것을 느끼게 됩니다.

능력 없는 기도의 특징

절박한 부르짖음 속에서 우리는 하나님의 도우시는 의로운 손을 만나기 때문에 기도를 통해서 신앙의 담대함을 갖게 되는 것입니다. 만약 우리가 기도 속에서 결코 하나님을 만날 수 없다면 그것은 얼마나 가련한 종교 행위가 되는 것일까요?

모든 능력 없는 기도의 특징은 기도 속에서 하나님을 만나지 못한다는 한 가지 사실로 집약됩니다. 기도의 능력은 어떤 주술적인 힘이 아닙니다. 인격적이신 하나님을 인격적으로 풍성히 만나는 것으로부터 기도의 능력은 시작됩니다.

산상 수훈 중 중심이 되는 팔복에 대해 설교하시며 '하나님을 보는 자'를 말씀하신 것도 바로 이와 같은 것입니다. 예수님께서는 하나님을 볼 수 있는 자의 자격에 대해 말씀하시기를 "마음이 청결한 자는 복이 있나니 그들이 하나님을 볼 것임이요"(마 5:8)라고 하셨습니다.

여기서 '청결한 자'(οἱ καθαροί)라는 말은 물 같은 것으로 씻어져 깨끗해진 상태를 가리킵니다. 이것은 끊임없는 회개와 사죄의 은총을 통해 하나님 앞에 서는 하나님의 자녀들의 경건의 특징을 잘 나타내 주는 말입니다.

이 경건을 통해 하나님께서 당신을 보여 주시고 또 당신의 뜻을 알게 하시는 것은 참으로 비밀스러운 신비에 속하는 것입니다. 그래서 사도 바울은 젊은 목회자 디모데에게 집사를 선택하는 기준에 관해서 그들의 경건 생활을 언급하는 가운데, 이 경건의 비밀을 '믿음의 비밀'이라고 표현하기까지 합니다. "이와 같이 집사들도 정중하고 일구이언을 하지 아니하고 술에 인 박히지 아니하고 더러운 이를 탐하지 아니하고 깨끗한 양심에 믿음의 비밀을 가진 자라야 할지니"(딤전 3:8-9).

생활의 경건

유대의 국경 밖에서 살아가고 있던 사람들, 그리스도를 구주로 믿었으나 경건치 못한 부자들의 횡포와 반대로 고통받고 사랑이 식어 외모로 사람을 판단하며 급기야 말과 행동의 경건을 상실하게 된 흩어진 열두 지파에게 하나님의 말씀을 남긴 야고보는 하나님 앞에서 경건한 생활이 무엇인가에 대해 이렇게 말합니다. "하나님 아버지 앞에서 정결하고 더러움이 없는 경건은 곧 고아와 과부를 그 환난 중에 돌보고 또 자기를 지켜 세속에 물들지 아니하는 그것이니라"(약 1:27).

당시 외식하던 바리새인들과 종교 지도자들의 경건과 구별되는 것을 강조하기 위해서 '하나님 앞에서의 경건'을 말하고 있습니다. 그리고 그 특징은 다른 사람들에게 보이기 위한 시위적인 경건이 아니라 당시 가장 도움의 손길을 필요로 하던 과부와 고아들을 구제하는 것임을 말하고 있습니다.

세상 사람들뿐만 아니라 그리스도인조차도 교회의 경건이 현실 도피주의와 연결되는 것으로 생각하고 있는데 이것은 전적으로 잘못된 이해입니다. 교회가 경건을 회복하고 그리스도인들이 하나님을 의식하는 경건의 비밀을 알게 될 때, 사회는 그 경건한 이들에 의해서 영향을 받게 됩니다.

18세기 영국에서 사회 문제가 되었던, 고아 구제 사업에 대해 당시 그리스도인들이 깊은 관심과 헌신을 기울이게 된 것은 존 웨슬리(John Wesley)의 부흥 운동을 통해 경건의 능력을 맛보았던 전도자들 때문이었습니다. 깊고 비밀스러운 기도의 세계로 한 시대를 움직였던 조지 뮐러(George Müller) 목사가 고아들을 돌본 이야기는 너무나 유명합니다.

눈물 씻어 주는 경건

고통받는 이 시대의 백성들의 눈물은 정치인들이 씻어 주지 못할 것입니다. 소외받고 억압받는 백성들의 눈물은 민중 운동으로도 씻겨질 수가 없습니다. 하나님 앞에서 경건하게 사는 것이 무엇인지를 아는 사람, 삶의 어느 현장에서든지 그분을 두려워할 줄 아는 경건한 지도자, 경건한 지식인,

경건한 이웃들, 경건의 비밀을 사모하는 교회들을 통해서 하나님께서는 이 백성들의 눈물을 씻기실 것입니다.

또한 경건한 생활이 무엇인가에 대하여 말할 때 더불어 말하는 것은 '세속에 물들지 아니하는 것'입니다. 경건하게 살아가는 삶은 결코 중세의 수도원처럼 사람들의 곁을 떠나는 것이 아닙니다. 그리스도인은 여전히 세속의 이웃 속에 남아 있어야 합니다.

교회는 여전히 타락해 가는 이 세상 속에 머물러 있어야 합니다. 왜냐하면 이웃이 어두워짐으로써만 비로소 그리스도인이 빛임이 드러나게 되고, 사회가 부패함으로써만 교회가 소금이라는 사실이 알려지게 되기 때문입니다. 그러나 교회가 어두워져 가는 세상 속에서 빛으로 남고 그리스도인이 부패해져 가는 세상 속에서 소금으로 남기 위해서는 타락해 가는 세속의 물결로부터 자신을 지켜야만 합니다.

'세속에 물들지 아니하는 것', 이것은 결코 교회의 오랜 전통이나 인습을 고집하는 것만을 의미하지 않습니다. 오히려 이것은 '이 세대를 본받지 말고 오직 마음을 새롭게 함으로 변화를 받아 하나님의 선하시고 기뻐하시고 온전하신 뜻이 무엇인지 분별하는 것'을 의미합니다(롬 12:2).

불경건한 세상이기에

신약성경 속에서 부정적 의미의 세상은 자신의 지혜를 사랑하며 하나님을 공경하지 않습니다(고전 3:19). 세상은 썩어질 것들을 위해서 살아가게 합니다(벧후 1:4). 세상은 거짓 선지자들이 믿는 자를 미혹하기 위하여 분투하고 있는 곳입니다(요일 4:1).

세상의 특징은 정욕입니다. 오직 교회와 그리스도인은 이 세속에 물들지 않음으로써만 능력의 원천이 되는 경건의 삶을 살 수 있습니다. 이와 같이 경건에 사로잡힌 교회와 그리스도인들만이 세속의 물결을 이길 수 있는 기도의 능력을 소유하게 될 것입니다.

그래서 성경은 우리 신자가 세상을 사랑함으로써 세속에 물들게 될 때 거기에는 하나님을 사랑하는 사랑이 남아 있지 않다고 경고합니다. "이 세상이나 세상에 있는 것들을 사랑하지 말라 누구든지 세상을 사랑하면 아버지의 사랑이 그 안에 있지 아니하니 이는 세상에 있는 모든 것이 육신의 정욕과 안목의 정욕과 이생의 자랑이니 다 아버지께로부터 온 것이 아니요 세상으로부터 온 것이라 이 세상도, 그 정욕도 지나가되 오직 하나님의 뜻을 행하는 자는 영원히 거하느니라"(요일 2:15-17).

또 이어서 무서운 영적인 싸움을 말합니다. "아이들아 지금은 마지막 때라 적그리스도가 오리라는 말을 너희가 들은 것과 같이 지금도 많은 적그리스도가 일어났으니 그러므로 우리가 마지막 때인 줄 아노라"(요일 2:18).

교회와 그리스도인들로 하여금 경건을 상실케 함으로써 기도의 능력을 앗아 가는 것이 적그리스도와의 영적인 싸움과 관계된 것임을 보여 주는 것입니다. 다시 말해서, 경건한 삶을 통해 기도의 능력을 유지하는 것은 영적 싸움의 영역에 속하는 것입니다.

말의 경건

그리스도인이 된 이후로도 가장 오랫동안 옛 습관을 벗어 버리지 못한 채 경건 생활을 위협하는 것은 바로 우리들의 언어 생활입니다.

그래서 야고보는 "우리가 다 실수가 많으니 만일 말에 실수가 없는 자라면 곧 온전한 사람이라……"(약 3:2)라고 했습니다.

나아가서 이 언어를 만들어 내는 우리의 혀를 배의 키와 힘센 말의 재갈에 비유하면서 다음과 같이 경고합니다. "……작은 불이 얼마나 많은 나무를 태우는가 혀는 곧 불이요 불의의 세계라 혀는 우리 지체 중에서 온몸을 더럽히고 삶의 수레바퀴를 불사르나니 그 사르는 것이 지옥 불에서 나느니라"(약 3:5-6).

우리의 말이 경건을 잃어버릴 때 경건하게 살고자 결심하던 우리의 심령은 상처를 입고 우리 안에 계신 하나님의 성령은 근심하게 됩니다. 그래서 성경은 "누구든지 스스로 경건하다 생각하며 자기 혀를 재갈 물리지 아니하고 자기 마음을 속이면 이 사람의 경건은 헛것이라"(약 1:26)라고 말합니다.

끊임없이 여러분의 경건 생활에 상처를 주는 거듭나지 못한 언어 생활에서 돌이켜 서십시오.

지금 이 시간도 한순간의 즐거움을 위해 더러운 언어들을 마구 토해 내는 여러분의 무심한 혀가 여러분의 기도의 능력을 앗아 가고 있다는 사실을 기억해야 합니다. 특별히 성경은 방탕한 언어 생활에 대해서, 그리스도께서 우리를 위하여 죽으셨다는 사실까지 상기시키면서 엄중히 경고하고 있습니다. "음행과 온갖 더러운 것과 탐욕은 너희 중에서 그 이름조차도 부르지 말라 이는 성도에게 마땅한 바니라"(엡 5:3).

여러분의 입술에 무절제하고 더러운 말 대신 절제 있는 성결한 언어가 깃들이게 하십시오. 왜냐하면 그 입술로 여러분은 거룩하신 하나님과 대화할 것이기 때문입니다. 여러분의 혀가 여러분의 심령과 육체를 방탕한 데로 이끌어 가지 못하도록 경계하십시오. 왜냐하면 그 불경건한 혀가 여러분 속에 깃들여 있는 기도의 능력의 밑동을 파헤치는 부삽이 될 것이기 때문입니다.

마음의 경건

기도의 능력과 관련해서 경건에 대해 여러 모양으로 살펴보았습니다. 이 모든 것은 예수님의 한마디 말씀으로 요약됩니다. "선한 사람은 마음에 쌓은 선에서 선을 내고 악한 자는 그 쌓은 악에서 악을 내나니 이는 마음에 가득한 것을 입으로 말함이니라"(눅 6:45).

기도의 능력이 우리의 마음에 담긴 것처럼 우리의 경건도 마음에서부터 시작됩니다. 우리의 신앙 생활이 우리의 신앙적인 지식이 아니라 우리의 육체의 소욕을 쫓아가게 되면 우리의 믿음은 믿음의 비밀을 상실하게 되고 우리의 말은 절제를 잃어버리게 됩니다. 거기에는 심각한 영적 전쟁이 없습니다. 대신 하나님을 뵈옵는 경건의 기쁨도 없습니다.

우리의 마음을 이 세상과 세상에 속한 더러운 것들에게 빼앗기게 될 때, 매일 아침 거룩하신 하나님을 만나던 우리의 경건의 지성소가 무너지는 것을 경험하게 됩니다. 기도의 향불이 그치고 회개의 희생 제사가 끊긴 우리의 심령의 성소는 더 이상 영적인 싸움에서 승리할 수 있는 능력을 공급해 주지 않습니다.

잊지 말아야 할 것은 우리의 마음속에 있는 것들은 결코 선하고 정결한 무엇이 아니라, 끊임없이 불의한 것을 탐하고 정욕을 사랑하며 고달픈 경건의 영적 훈련을 피하고자 하는 육체의 소욕이라는 사실입니다. 거듭난 그리스도인의 성품은 이러한 육체의 소욕을 거슬러 살고자 합니다. 그래서 우리 안에는 싸움이 있습니다.

끊임없이 경건한 마음과 생각 속에서 살아가기를 간구하십시오. 불경건한 생각이 쌓이면 결국은 그 일을 행하게 되고, 계속해서 불경건한 일에 익숙해질 때 그것은 습관이 되어서 치명적인 위협을 여러분의 경건 생활에 가해 올 것입니다. 이렇게 불경건한 습관이 쌓여 갈 때 그것은 결국 여러분의 인격의 특징이 되어 버려서 여러분을 영원히 불경건한 인격의 소유자로 낙인 찍고 말 것입니다.

맺는 말

다가오는 모든 불경건으로부터 자신을 지키지 아니하면 기도의 능력이 있는 용사가 될 수 없습니다. 우리가 삶 속의 경건을 회복하지 않는 한, 우리의 심령 속에 하나님에 대한 경건한 두려움을 깨우지 않는 한, 우리들은 기도할 수 있을지는 모르나 능력 있는 기도는 경험하지 못할 것입니다.

그리스도인이 경건을 버리는 것은 세상과 육체를 너무 사랑하기 때문입니다. 경건은 하나님에 의하여 지배되는 마음에서 비롯됩니다. 그리스도에게 점령되고 그분의 거룩한 성품에 의하여 지배되는 심령이 경건한 삶의 원동력입니다.

"너희는 경건하라."

"기도의 능력을 회복하라."

이 절박한 하나님의 요청 앞에서 여러분은 어떻게 하시렵니까?

성경은 여러 곳에서 개인의 죄가 기도의 능력을 앗아갈 뿐만 아니라 성령받음에 있어서 심각한 장애가 됨을 보여주고 있습니다. 성령을 받기에 앞서 죄의 지적을 통해 예수님께서 기대하시는 것은 회개입니다. 죄에 대한 지적-지적된 죄에 대한 회개-하나님의 죄 사함-성령을 주심. 이것이 죄인들에게 성령을 주시는 방식에 대한 사도행전의 설명입니다. "베드로가 이르되 너희가 회개하여 각각 예수 그리스도의 이름으로 세례를 받고 죄 사함을 받으라 그리하면 성령의 선물을 받으리니"(행 2:38).

제11장

회개와 기도

"이르시되 가서 네 남편을 불러오라
여자가 대답하여 이르되 나는 남편이 없나이다
예수께서 이르시되
네가 남편이 없다 하는 말이 옳도다
너에게 남편 다섯이 있었고
지금 있는 자도 네 남편이 아니니
네 말이 참되도다"

요 4:16-18

하나님이 믿어집니까?

유치부 시절부터 교회를 다녀서 지금은 청년이 된 어느 형제와 잠깐 신앙에 관한 대화를 나눌 수 있는 시간이 있었습니다. 그렇게 착실하게 주일을 지켜 온 이 형제가 충격적인 고백을 제게 해왔습니다.

"왜 그런지 저는 하나님의 존재에 대해서 믿어지지 않습니다."

저는 이러한 엉뚱한 고백을 여러 형제자매들로부터 들었습니다. 그러면서도 그들은 교회는 계속 착실하게 나옵니다.

많은 사람들이 이러한 사례에 속한 그리스도인들을 믿음이 없다고 나무랄지 모르겠습니다만 제가 보기에는, 착실히 교회 생활을 꾸준히 계속하고 있는 이런 그리스도인들의 고백은 하나님의 존재를 부인하는 것이라기보다는 경험의 결핍에 관한 고백입니다.

다시 말해서, 아까 말씀드린 형제의 고백, "하나님의 존재가 믿어지지 않습니다."라는 말은 더 정확히 표현하자면 이런 것입니다.

"저는 하나님의 살아 계심을 경험해 보지를 못했습니다."

이 점에 관해서 좀 더 생생한 예를 들어 보겠습니다.

17세기 영국 옥스포드 대학교 맥덜린 칼리지의 총장이며 유명한 설교가였던 토머스 굿윈(Thomas Goodwin) 목사는 성령 체험을 통한 하나님에 대한 경험에 대하여 다음과 같은 예를 들었습니다.

"길을 가는 한 사람과 그의 어린 아들이 있었습니다. 그들은 손을 잡고 걸어가고 있습니다. 그 어린 아들은 아버지가 곁에 있으며, 자기가 그 아버지의 아들이라는 사실, 그리고 그가 자기를 사랑하고 있다는 사실을 알고 걸어가고 있었습니다. 거기에는 어떤 불확실함도 없었습니다. 그러던 중 어느 때에 갑자기 아버지가 어린 아들을 번쩍 들어 올려서는 전에 없이 끌어안고 입을 맞추었습니다. 아들에 대한 자기의 사랑을 듬뿍 쏟아 표현하고는 아들을 다시 땅에 내려놓았습니다."

경험되어야 할 관계

아버지와 아들의 관계에 어떤 변동이 있었던 것은 아닙니다. 그 아들은 이전에도 그가 자기 아버지인 줄 알았고, 또 그가 자기를 사랑하고 있다는 사실을 믿었습니다. 그러나 이 사랑스러운 포옹과 뜻밖의 입맞춤을 통해서 아버지의 존재와 그의 사랑에 대해 새로운 경험을 하게 된 것입니다. 아버지는 변함없이 존재하지만, 이 사건을 통해서 아들은 아버지의 존재와 사랑에 대한 더 깊은 지식에로 나아가게 되었습니다.

이러한 경험만이 신앙의 전부라고는 할 수 없을는지 모릅니다. 그러나 이러한 경험이 하나님에 대한 더 깊은 체험과 지식을 얻는 중요한 길임을 부인할 수는 없습니다. 그래서 18세기 미국 대각성 운동과 부흥 운동의 선구자였던 조나단 에드워즈(Jonathan Edwards) 목사는 "이러한 하나님에 대한 경험을 제외하고는 신앙의 깊이에 대해 이야기할 수 없다."라고 주장하면서 세례를 줌에 있어서까지 이 같은 하나님에 대한 경험을 확인하였습니다. 이 시대의 지성주의적이고 이지주의적인 메마른 신앙에 대한 절실한 충고라고 아니할 수 없습니다.

하나님께서 우리에게 주실 수 있는 가장 좋은 선물인 성령을 받기 위해서는 먼저 간절한 기도로써 이것을 구하고, 또한 전인격적인 삶으로써 성령을 구하는 자에 합당한 삶을 살아야 합니다.

성령을 구하는 이유

우리가 이렇게 간절히 성령을 구하도록 요구받고 있는 이유는 무엇입니까? 우리가 성령 충만, 혹은 성령의 임하심을 그토록 간절하게 구하여야 할 이유가 어디 있을까요?

성경은 우리가 성령을 구해야 할 필요에 대해 크게 두 가지로 말해 줍니다. 한 가지는 성령을 받음으로써 능력 있는 하나님의 영적인 군사로 무장될 수 있기 때문이며, 또 한 가지는 이 같은 성령 충만함, 성령의 임하심을 통해서 하나님과 그리스도에 관한 경험을 갖게 되기 때문입니다. 이 장에서는 두 번째 문제에 대하여 상세히 살펴보고자 합니다.

우리 그리스도인들은 기독교의 기본 진리들이 사실이라고 믿고 있습니다. 어떤 진리들입니까?

하나님의 존재, 예수 그리스도의 죽으심, 부활, 십자가의 대속, 영생, 천국, 지옥, 종말, 심판, 하나님의 공의와 사랑, 이런 것들을 믿고 있고, 또 그것들이 사실이라고 생각합니다. 확신을 못할 때가 있다손 치더라도, 적어도 거짓말이라고까지는 생각하지 않습니다. 그러나 이러한 생각과 믿음이 항상 동일한 것은 아닙니다.

다시 말해서 '알게 된 지식'과 '경험한 지식' 사이에는 큰 차이가 있다는 것입니다. 특별한 신앙의 체험이 없어도 반복되는 설교를 들어 오고, 가르침을 받고, 기독교적인 분위기에 젖어 듦으로써도 그 같은 지식으로 나아가는 일은 있을 수 있다는 것입니다. 이것은 소위 습관적인 지식에 속하는 것입니다.

그러나 성령을 체험하게 될 때 우리는 이런 지식들을 실제로 경험하게 됩니다. 이러한 지식은 말씀을 통해서 오게 됩니다. 다만 단순히 지적으로 들리던 말씀이 성령의 경험을 통해서 보다 풍부하고 생생한 지식으로 우리에게 다가온다는 것입니다. 단순히 지적인 활동을 통해 '알게 된 지식'이 아니라 '경험하게 된 지식'을 가져다주는 것입니다.

수가성의 여인과 만나심

오늘 본문은 유대에서 말씀을 전하시던 예수님께서 갈릴리로 가시는 도중에 일어난 일을 적고 있습니다.

이 당시 이스라엘은 요단강 서편 땅을 기준으로 세 지방으로 나뉘어 있었습니다. 맨 위쪽으로는 갈릴리 호수를 끼고 있는 갈릴리 지방이 있었고, 맨 아래쪽으로는 예루살렘을 중심으로 유대 지방이 있었습니다. 그 중간에는 사마리아 지방이 있었습니다. 그런데 유대 사람들은 이 사마리아 사람들과 통혼은 물론 상거래까지도 꺼렸습니다.

사마리아 사람들이 이처럼 동족에게 따돌림을 받게 된 데에는 역사적인 사건이 있습니다. 사마리아 지역은 원래 분열 왕국 시대에 북이스라엘 왕국 땅에 속한 지역이었습니다. 역사적으로 볼 때 북왕국 이스라엘은 남왕국 유다가 바벨론에게 망하기 전, 주전 722년에 앗수르에게 멸망을 당합니다. 율법을 버리고 우상을 섬기며 동족을 대적해 온 죄에 대한 하나님의 심판이었습니다.

그러나 유대인들이 사마리아 사람들을 상종하지 않게 된 데는 좀 더 다른 이유가 있습니다. 앗수르가 이 지역을 지배하면서 실시한 정책이 소위 사민 정책과 잡혼을 통한 혈통의 국제화였습니다. 사민 정책은 이 지역에 사는 사람들을 외국으로 강제 이주시키고, 한편으로 외국 사람들을 이 땅에 이민 오게 하는 것이었습니다. 잡혼 정책은 국제 결혼을 강요함으로써 유대 민족의 동질성을 파괴하려는 민족 말살 정책이었습니다.

결국 사마리아 지방은 민족의 순수한 혈통을 잃어버린 사람들이 살아가는 '혼혈 인종들의 땅'이 되었습니다. 그래서 유대인들은 유대 지방에서 갈릴리로 가고자 할 때에는 이 지방을 지나지 않기 위해 차라리 요단강을 건너서 동편으로 돌아가는 길을 택했던 것입니다.

그런데 오늘 예수님께서 제자들과 함께 하나님께로부터 버림받은 땅으로 여겨지던 사마리아 땅으로 들어서셨습니다. 그리고 피곤하셔서 우물 곁에 앉으셨을 때 물을 길으러 온 사마리아 여인과 마주치셨습니다.

본문은 예수님과 죄인인 사마리아 여인과의 만남을 통해서 영생과 성령에 대해 값진 진리를 우리에게 가르치고 있습니다.

목마르지 않는 물

사마리아 여인을 만나자 예수님께서 먼저 말을 건네십니다.

이 여인은 물을 긷기 위해 우물가로 왔습니다. 하루도 거를 날이 없이 매일 물을 길어야 하는 이 여인에게 있어서 물동이를 이는 일은 여간 수고스러운 일이 아니었을 것입니다. 오늘도 어서 물을 길어서 집으로 돌아가자는 생각으로 우물 앞에서 두레박을 내리려고 하였을 것입니다.

그러나 예수님께서는 단지 육신의 목마름을 모면하기 위해 물을 길으러 온 사마리아 여인의 모습 속에서 목말라 하는 그녀의 영혼을 보셨습니다. 그러고는 그녀에게 관심을 보이십니다. 그것은 사랑이었습니다. "내게 마실 물을 줄 수 있느냐?"

지금도 예수님께서는 우리들에게 관심을 가지고 찾아오십니다. 무엇보다도 헐벗고 굶주린 우리들의 영혼, 아무도 관심 갖지 않고 우리들 자신도 관심 기울이지 아니하는 그 영혼의 목마름에 대해 관심을 갖고 계십니다. 우리의 영혼에 대한 하나님의 사랑입니다.

물을 좀 달라는 요청을 시작으로 해서 예수님께서는 '하나님의 선물', '영생하도록 솟아나는 샘물' 등을 말씀하십니다. 유대인들은 '살아 계신 여호와 하나님에 대한 영혼의 갈망'을 종종 이야기하곤 했습니다. 그때마다 그들은 그 하나님에 대한 갈망, 곧 목마름은 오직 '생수'로만 해갈될 수 있음을 알고 있었습니다.

유대인들의 생수

유대인들에게 있어서 '생수'란 '흐르는 물'로서 '하나님에 대한 영혼의 갈망을 해갈시켜 주는 어떤 것'이었습니다. 이러한 비유는 이스라엘 사람들에게 있어서 너무나 일반적으로 알려진 것이었기 때문에, 예수님께서 이 물을 가지고 영생에 대해서 말씀하신 것은 전혀 오해될 소지가 없는 명백한 설명이었습니다.

요한계시록은 말합니다. "……내가 생명수 샘물을 목마른 자에게 값없이 주리니 이기는 자는 이것들을 상속으로 받으리라……"(계 21:6-7).

예수 그리스도와 동행하는 영생에 대해서 성경은 말합니다. "이는 보좌 가운데 계신 어린양이 그들의 목자가 되사 생명수 샘으로 인도하시고……" (계 7:17).

또한 하나님을 향해 목마른 시인은 말합니다. "하나님이여 사슴이 시냇물을 찾기에 갈급함같이 내 영혼이 주를 찾기에 갈급하니이다"(시 42:1).

이처럼 신약만이 아니라 구약의 여러 곳에서 헤아릴 수 없이 여러 번 물을 통해 영생을 말하고 있습니다.

그러나 이 여인을 보십시오. 자기의 영혼을 불쌍히 여기시면서 영생을 주는 성령에 대해서 말씀하고 계시는데도 계속해서 육신의 마른 목을 축여 줄 한 모금의 물만 생각하면서 질문하고 대꾸합니다.

이것을 통해 보여 주고자 하는 성경의 진리가 무엇입니까? 그것은 우리의 영적인 무지입니다.

그렇게 설명하면서 가르쳐 주셔도 우리의 관점은 하나님과 우리의 영혼에게로 옮겨지지 아니하고 계속해서 육신에 매달려 있습니다. 한 번만이 아니라 두 번 세 번 설명하시는데도 그저 육신의 해갈을 위한 한 모금의 물을 구하려고 예수님 앞에 마주앉아 있습니다.

참을 수 없는 욕망

이것이 바로 우리들의 모습입니다. 이 무지하고 육신의 일만을 생각하는 여인의 반복되는 질문 속에서 영적인 상태에 대해 무지하고 어리석은 우리 자신의 모습을 읽습니다. 그 답답하고 어리석은 여인 앞에서 인내심을 가지고 깨우치시는 예수님의 모습 속에서 우리의 영혼을 향한 하나님의 관심을 읽습니다. 하나님의 사랑을 만나게 됩니다.

한 15년 전의 일입니다. 무슨 일 때문이었는지는 기억이 나지 않지만, 열흘간의 금식 기도를 하려고 결심한 적이 있었습니다. 금식하는 기간 중 계속해서 머릿속을 오가는 것은 먹는 생각이었습니다. 그중에서도 노릇노릇하게 튀긴 튀김 위에 설탕 소스를 얹은 탕수육을 먹고 싶은 욕망을 참을 수 없었습니다. 금식을 시작한 지 이틀째인지, 삼일째인지 도저히 견디지 못하고 거리로 뛰어나갔습니다. 그러고는 금식을 깨고, 중국집에서 탕수육을 시켜 먹었습니다. 얼마나 맛있던지……. 그리고 배부른 다음에는 얼마나 마음이 언짢던지…….

비록 목표한 금식은 다 못했지만 굶주림이라는 것이 얼마나 고통스럽고 그것이 깊으면 깊을수록 음식에 대한 열망이 얼마나 커지는지를 깨닫게 되었습니다.

그러나 굶주리면서도 배고픔을 전혀 못 느끼는 사람들이 있습니다. 배고픔을 느껴도 음식을 먹어야겠다는 욕망이 없는 사람들이 있습니다. 그것은 육신의 병이 깊이 들었기 때문입니다. 깊이 병든 사람은 피골이 상접해 가는 굶주림 속에서도 식욕을 느끼지 못합니다.

메마름에 익숙한 모습

사마리아 여인은 그토록 반복해서 '하나님의 선물', '목마르지 않는 생수', '영생'에 대해 말씀을 들으면서도 그 필요성을 못 느낍니다. 오히려 그것이 무슨 소리인지 이해도 못합니다. 기도의 능력을 잃어버리고 살아감에도 불구하고 자신의 메마른 상태에 대하여 무지합니다.

이것이 바로 하나님의 진리, 목마른 자에게 성령 주심에 대한 우리의 형편을 반영하고 있지 않습니까? 거듭해서 말씀을 읽고 들으면서도, 교회를 위협해 오는 악령의 세력들이 역사하는 현장을 목격하면서도, 하나님을 더 깊이 경험하지 못하는 우리의 메마른 신앙을 들여다보면서도, 하나님의 성령 주심의 필요조차 느끼지 못하는 우리들의 모습과 얼마나 유사합니까?

여인이 이토록 깨닫지 못하는 답답한 처지에 있음에도 불구하고 예수님께서는 계속해서 설명하십니다. 성령 주심에 대해 갈망조차 느끼지 못하는 이 여인에게 예수님께서는 계속해서 '목마르지 않는 물', 곧 '영생하도록 솟아나는 성령의 샘물'에 대해 말씀하십니다. 이 장면 속에서 여러분은 무엇을 느낍니까?

이것은 예수님께서 영적인 필요조차 느끼지 못하는 육신적인 그리스도인들을 깨우치심으로 영적인 필요를 느끼게 해주시는 과정을 보여 주는 것입니다. 예수님께서는 상처가 너무 심해 생명의 기력까지 잃어버린 그리스도인이라도 버리지 아니하시고 찾아오셔서 고치시는 사랑의 치료자이신 것을 보여 주고 있습니다.

그러므로 영적인 침체가 너무나 오래도록 계속되어 목마름조차 잃어버린 형제자매들은 오늘 이 말씀에 귀를 기울이면서 이와 같은 자비로우신 예수님의 손길을 구해야 할 것입니다.

능력보다 먼저 필요한 것

이 여인이 예수님의 말씀을 완전히 깨닫지는 못했지만 드디어 목마르지 않는 물에 대한 필요를 느끼게 되었습니다. 여인이 말합니다. "……그런 물을 내게 주사 목마르지도 않고 또 여기 물 길으러 오지도 않게 하옵소서"(요 4:15). 이것은 놀라운 영적 진전이 아닐 수 없습니다.

"생수를 네게 주었으리라." 하실 때 "주여, 물 길을 그릇도 없고 이 우물은 깊습니다."라고 대꾸하던 것에 비하면(요 4:10-11), 목마르지 않는 물을 예수님께 구하게 된 것은 획기적인 일이었습니다.

그런데 예수님께서 갑자기 엉뚱한 말씀을 하십니다. "……가서 네 남편을 불러오라"(요 4:16).

하나님의 영생, 하나님의 선물, 하나님의 생수, 예수님께서 주시는 목마르지 않는 물 등으로 영생과 성령을 말씀하실 때까지는 여인과 예수님의 관심은 하나님께 있었습니다. 그러나 "가서 네 남편을 불러오라."라는 한 마디의 말씀을 던지심으로 관점이 갑자기 하나님에서 사마리아인인 이 여인에게로 옮겨 오게 되었습니다. "가서 네 남편을 불러오라."라는 말씀이 무슨 뜻일까요?

이 여인은 남편이 없는 여인이었습니다. 예수님께서는 그것을 아셨습니다. 그럼에도 불구하고 남편을 불러오라고 말씀하신 것은 이 여인으로 하여금 하나님의 선물인 성령을 받기에 앞서서 먼저 해결해야 할 문제에 직면하게 하고 싶으셨던 것입니다.

그 문제가 무엇입니까? 그것은 바로 그녀 자신의 죄 문제였습니다. 하나님의 약속된 성령을 받는 복된 경험에 앞서서 선결되어야 하는 문제는 다름 아닌 죄의 문제였던 것입니다.

과거를 묻지 마십시오

여인이 대답합니다. "나는 남편이 없습니다." 이 여인의 말 속에는 단순히 남편이 없다는 진술 이상의 느낌이 풍겨 납니다. 자기 남편에 대해서 말하고 싶지 않으며, 더 이상 이 문제에 관해서는 언급을 하고 싶지 않다는 이야기일 것입니다. 이 여인의 짧은 대답 속에 담긴 하소연은 이런 것일 겁니다. "왜 좋은 선물, 목마르지 않는 물에 대해 말씀하시다가, 기분 나쁘게 남편 이야기를 꺼내십니까? 그 문제는 더 이상 언급하고 싶지 않습니다. 아까 하시던 성령 이야기나 계속하십시다. 과거를 묻지 마십시오."

이 당시 사마리아 지방은 성적으로 문란한 지역이었습니다. 특별히 이방인을 상대로 몸을 파는 여인들이 다수 있었습니다. 이 여인은 남편을 다섯이나 바꾸어 살았던 남성 편력을 지닌, 과거가 있는 여자였습니다. 지난 시절 그녀의 품을 떠난 다섯 명의 사내들 중에는 망부가 되어 땅에 묻힌 자도 있을 테지만, 그중에는 살다가 헤어져 다른 데로 장가 든 자도 있을 것입니다.

그 여인이 남성 편력의 과정에서 맞아들인 남성들 중에는 그녀와의 향락을 위해서 본부인과 헤어졌던 자도 있었을 것입니다. 구약은 이러한 남녀를 간음의 죄를 범한 죄인들로 규정합니다. 남편을 다섯 번이나 바꾸어 살았던 여인, 거기에다가 지금 함께 살고 있는 남자와도 혼인을 통하지 않은 불륜의 동거 관계였습니다.

"가서 네 남편을 불러오라." 성령의 선물을 말씀하실 때까지만 해도 이 여인은 호기심 많고 기대에 들뜬 마음이었습니다. 그러나 갑자기 예리하게 던진 예수님의 한마디 말씀은 그녀로 하여금 의식 없이 지내 오던 자신의 가장 뿌리 깊은 죄악의 치부와 마주 서게 하셨습니다. 이것이야말로 성령 충만한 삶, 성령의 능력을 힘입는 영적 생활을 위하여 기도하는 우리들이 가슴 깊이 새겨야 할 진리인 것입니다.

능력을 앗아 가는 죄

성경은 여러 곳에서 개인의 죄가 기도의 능력을 앗아 갈 뿐만 아니라 성령받음에 있어서 심각한 장애가 됨을 보여 주고 있습니다. 성령을 받기에 앞서 죄의 지적을 통해 예수님께서 기대하시는 것은 회개입니다. 죄에 대한 지적-지적된 죄에 대한 회개-하나님의 죄 사함-성령을 주심. 이것이 죄인들에게 성령을 주시는 방식에 대한 사도행전의 설명입니다.

사도행전은 이에 대한 웅변적인 증거를 제시합니다. "베드로가 이르되 너희가 회개하여 각각 예수 그리스도의 이름으로 세례를 받고 죄 사함을 받으라 그리하면 성령의 선물을 받으리니"(행 2:38).

이 가련한 사마리아 여인을 예수님께서 얼마나 사랑하셨습니까? 당신에게 관심조차 갖지 않은 채 육신의 마른 목을 축이기 위해 물을 길으러 왔던 이 죄 많은 여인에게 예수님께서 먼저 관심을 보이셨습니다. 예수님의 간절한 열망은, 이 여인이 영생과 성령을 선물로 받는 것이었습니다.

그러나 예수님께서는 다섯 번이나 면사포를 써야 했던 이 기구한 여인의 불행한 과거를 위로하지 않으셨습니다. 지금도 정상적인 가정을 이루지 못한 채 남의 남자와 살아가고 있는 이 여인의 불행한 처지를 동정하는 대신에 그녀 자신의 죄에 직면하게 하셨습니다. 그것은 결코 그녀를 절망에 떨어뜨리고자 하심이 아니었습니다. 정죄하시기 위함도 아니었습니다. 단지 깨닫게 하시기 위함이었습니다. 뉘우치게 하시기 위함이었습니다. 회개케 하시기 위함이었습니다.

죄의 문제에 직면하라

하나님의 가장 귀한 선물인 성령, 그분은 인격체이신 하나님의 영이십니다. 우리를 위해 간구하시는 하나님의 보혜사이십니다. 사마리아 여인은 성령 하나님을 충만하게 받는 감격이 있기에 앞서, 먼저 거룩하신 하나님 앞에서 자신의 구체적인 죄 문제에 직면해야 했습니다.

왜 하나님께서는 이 시간도 성령의 필요조차 느끼지 못하는 우리들에게 먼저 관심을 보이십니까? 그것은 우리를 깨닫게 하시기 위함입니다. 영적인 세계에 대해 절망적으로 무지한 우리를 깨우쳐 성령을 받아야 할 절박한 필요를 느끼게 하시기 위함입니다. 왜 하나님께서는 이 시간도 말씀을 통해서 당신의 사랑하는 자녀들인 우리들을 이처럼 명쾌하게 죄 문제에 직면하게 하시는지 아십니까?

그것은 우리로 하여금 회개케 하시기 위함입니다. 우리로 하여금 죄 사함을 얻게 하시려는 것입니다. 우리로 하여금 성령을 선물로 받게 하시기 위해서입니다. 우리로 하여금 다시 한 번 하나님의 능력 있는 기도로, 하나님과의 사랑의 교제로 들어가게 하시기 원하시기 때문입니다.

장대현교회를 휩쓴 성령의 불길

1907년 1월 첫 주간이었습니다. 오랫동안 기도하며 기다리던 한 부흥회가 열렸습니다. 이것이 바로 그 유명한 1907년 평양 장대현교회의 부흥회입니다.

선교사들은 이 집회를 위해서 매일 두 시간 이상씩 4개월 간이나 기도하였습니다. 시작하는 첫날 북한 전역에서 700여 명의 신자가 회집하였습니다. 이들은 모두 열렬한 그리스도인들이었습니다. 모여든 온 교인들은 이 집회를 통해서 하나님께서 특별한 성령의 은혜를 주실 것을 기대하였습니다.

그러나 이상하게도 그 많은 기도에도 불구하고, 아무런 은혜도 없이 집회 기간은 흘러갑니다. 마치 하나님께서 그 부흥회로부터 얼굴을 숨기시는 것 같은 분위기가 계속 이어지고 있었습니다.

그리고 1월 14일 월요일, 그날 저녁 예배에는 1,500여 명의 신도들이 운집했습니다. 열심히 기도하고 있었으나, 마치 천장이 놋뚜껑으로 덮인 듯 기도가 상달되지 않는 것이 확연하게 느껴지고 있었습니다. 말씀의 능력도 나타나지 않았습니다.

그런데 예배에 이어진 기도회 때 갑자기 그 교회의 유력한 장로인 길선주 씨가 일어나서 자기의 죄를 고백했습니다. 모두들 깜짝 놀랐습니다. "나는 아간과 같은 자입니다. 나 때문에 하나님께서는 이 집회에 은혜를 베푸실 수가 없었습니다. 약 1년 전에 내 친구 중 한 사람이 임종을 하면서 내게 부탁하였습니다. '길 장로, 내가 세상을 뜨거든 내 집 살림을 돌보아 주시오. 내 아내가 너무 세상을 모르니 당신만 믿겠소.' 나는 잘 돌보아 줄 테니 염려 말라고 약조를 하였습니다. 그러나 나는 그 친구가 세상을 떠난 뒤 미망인 재산을 관리해 주면서 미화 100불 상당의 돈을 사취했습니다. 내일 아침에 그 돈을 전액 미망인에게 돌려 드리겠습니다." 자기의 죄를 고백하는 길 장로의 눈에서는 눈물이 하염없이 흘러내리고 있었습니다.

그토록 여러 날 동안 무겁게 짓누르던 막힌 담이 별안간 무너져 내리고 거룩하신 하나님의 임재가 집회 장소에서 충만하게 느껴졌습니다. 죄에 대한 애끓는 회개와 기도의 능력이 예배당 전체를 휩쓸었습니다. 저녁 일곱 시에 시작된 예배가 다음날 새벽 두 시가 넘어도 끝나질 않았습니다.

울부짖는 통곡 소리와 함께 엄청난 회개와 기도의 물결이 장대현교회에 모인 모든 성도들을 휩쓸어 버렸습니다. 회개하면 할수록 그들은 자기들이 지은 모든 죄가 더욱 가슴을 찢어 오는 것을 느꼈습니다. 일찍이 경험하지 못했던 엄청난 회개의 역사가 불길처럼 일어나서 타오르고 있었습니다. 그 동안 교인들은 한 사람씩 일어나서 자기의 죄를 형제들에게 고백할 순서를 기다리고 있었습니다. 이날이 바로 한국 교회사뿐 아니라 세계 교회사 속에서도 결코 잊혀질 수 없는 그날, '성령의 불길이 평양을 휩쓸기 시작한 그날'이었습니다.

저는 이 시간도 성령의 큰 권능이 이 척박한 땅에 재현되어서 민족이 다시 사는 날을 고대합니다. 그토록 오랜 기도 가운데 모인 집회였지만, 숨겨진 죄가 있는 동안에는 전능하신 하나님께서도 방해를 받으셨습니다. 그러나 죄가 자백되어지자, 하나님께서는 그 죄를 용서하셨고 성령을 보내 주심으로써 영광을 받으셨던 것입니다.

맺는 말

성령에 대한 갈망은 시대마다 달랐습니다. 그리고 성령 주심에 대한 평가도 역사마다 한결같지는 않았습니다. 그러나 사탄이 우는 사자와 같이 교회를 삼키려는 시대 속에서 하나님께서 일하시는 방법은 항상 우리들에게 성령 주심을 통해서였습니다. 그리고 성령 주심은 항상 죄를 회개하고 간절히 구하는 그리스도인들에게 주어졌습니다.

하나님께서 어리석은 죄인들에게 영이신 자신의 깊은 세계를 경험하게 하시는 것도 말씀을 통해 역사하는 성령에 의해서였습니다. 지금도 그 성령은 다양하게 역사하고 계십니다. 그럼에도 불구하고 성령을 주시는 방법은 항상 회개를 통해서입니다.

그 여인은 네 남편을 불러오라는 예수님의 말씀을 통해서 자신의 죄 앞에 직면함으로써 성령을 선물로 받는 축복의 문 앞에 서게 되었습니다. 능력 있는 기도를 통하여 성령에 사로잡힌 삶을 살고 싶어하는 여러분에게도 예수님께서는 동일하게 말씀하십니다. "가서 네 남편을 불러오라."

예수님의 나직한 음성 앞에서 여러분은 어떻게 반응하시겠습니까?

기도하기 어려운 환경에 있다고 생각된다면, 우리보다 더 고단하게 섬기며 사셨던 주님을 바라보십시오. 우리와 같은 인성을 가지신 예수님, 우리처럼 연약한 육체에 둘러싸여 계셔야 했던 주님으로 하여금 기도하기 어려운 환경의 벽과 육체의 담장을 넘어 견고히 기도 생활을 이어 가게 했던 것은 무엇이었을까요? 그것은 주님의 생활이 여유 있어서가 아니었습니다. 주님의 육체가 우리보다 강하셨기 때문이 아니었습니다. 주님의 환경이 우리의 그것보다 평화스러웠기 때문도 아니었습니다. 그것은 오직 하늘에 계신 아버지를 영화롭게 하시고자 하는 불붙는 열망이 그분의 가슴 속에 있었기 때문입니다.

제12장

기도하기 힘들 때

"예수께서 한 곳에서 기도하시고
마치시매 제자 중 하나가 여짜오되
주여 요한이 자기 제자들에게
기도를 가르친 것과 같이
우리에게도 가르쳐 주옵소서"

눅 11:1

기도에 관한 황금 같은 교훈

누가복음은 기도에 관한 기사와 가르침을 많이 싣고 있습니다. 그래서 사람들은 누가복음을 기도의 복음서라고 부릅니다. 네 복음서에는 기도의 사건을 담고 있는 이야기가 50여 회 나타나는데 그중 20여 회가 누가복음에 실려 있습니다.

특히 오늘의 본문인 누가복음 11장은 18장과 함께 기도에 관한 황금과 같은 교훈들을 전해 주고 있습니다.

장소와 시간은 분명치 않지만, 본문상 예수님께서는 기도하고 계셨습니다. 시간은 분명치 않고, 장소도 언급되어 있지 않습니다. 그러나 여러 해 전 저는 이 한 절의 성경 말씀을 묵상하는 가운데 기도에 관한 주옥과 같은 교훈들을 발견하고 환희에 벅찬 나날을 보냈습니다.

하나님께서는 때때로 건조하기 짝이 없어 보이는 본문에서 생수의 샘을 터트리십니다. 그러므로 성경을 통하여 하나님께서 우리에게 말씀하시는 바에 귀를 기울이는 겸손이 필요합니다. 우리의 신앙과 삶뿐만 아니라 우리의 역사와 미래, 죽음과 영원에 대해서까지 말씀하시리라는 기대를 가지고 성경 자체를 묵상하는 일에 힘써야 합니다.

기도의 진지함

본문을 보면서 가장 먼저 발견한 것은 기도의 진지함입니다.

마음을 쏟아붓는 기도는 반드시 진지할 수밖에 없고, 이러한 진지한 기도의 자세는 그를 지켜보는 사람들에게 감화를 줍니다.

예수님께서 기도하고 계실 때 제자들은 꼭 여쭈어 보고 싶은 것이 있었습니다. 그것은 왜 자기들에게 기도를 가르쳐 주지 않으시는가 하는 것이었습니다. 당시 랍비들은 자기 제자들에게 나름대로 특별한 기도문을 써서 가르쳐 주는 것이 유행이었습니다. 세례 요한이 그의 제자들에게 기도를 가르쳐 주었다는 이야기도 이 같은 관습에서 비롯된 것이었습니다.

문맥으로 미루어 볼 때, 제자들이 예수님께서 기도하고 계신 곳까지 찾아왔던 것 같습니다. 예수님께서 평소의 습관대로 기도하셨다면 새벽에 홀로 그 한적한 곳으로 기도하러 오셨을 것이고 오랜 시간이 흐른 후에 제자들이 예수님을 찾아서 거기까지 왔을 것입니다. 제자들이 예수님을 찾았을 때 예수님께서는 아직도 기도하고 계셨습니다.

마침 기도하시는 예수님의 모습을 뵈오니 평소에 제자들의 마음에 있던 의문이 다시 고개를 들었습니다. 그토록 기도를 중요시하시고 또 많이 하시는 주님께서 왜 우리에게는 기도를 가르쳐 주시지 않는 것일까? 제자들은 궁금하기 짝이 없었습니다.

그러나 예수님께서는 기도하고 계셨습니다. "예수께서 한 곳에서 기도하시고……"(눅 11:1).

헬라어 성경은 우리말 성경에 '기도하시고'라고 되어 있는 동사를 분사를 사용함으로써 원어의 의미상 그분의 기도가 진행 중이었음을 가리키고 있습니다. 제자들은 비록 용건은 있었지만 예수님의 기도하시는 모습이 너무나 진지하고 그 시간이 너무나 거룩하게 느껴져서 감히 주님을 부를 수가 없었습니다.

기도에는 이 같은 진지함이 있어야 합니다. 하나님께 드리는 간절한 기도는 반드시 이 같은 진지함을 드러냅니다. 진지할 정도로 간절한 기도는 가까이 다가가 범접하기 어려운 경외심을 자아냅니다.

꼭 여쭙고 싶은 말이 있음에도 예수님께 다가가지 못하고 기도가 끝나기를 기다리는 제자들의 모습에서 우리는 선생에 대한 예의의 차원을 넘어선, 기도하시는 예수님의 모습이 주는 진지함에 압도된 분위기를 봅니다.

중언부언하지 말라

예수님의 이 같은 기도 생활은, 기도하되 능력을 경험하지 못하는 우리의 초라한 기도 생활에 대해 많은 것을 가르쳐 줍니다.

그리스도인들에게 보석과 같은 기도의 교훈을 주시면서 주님께서는 중언부언하지 말라고 당부하셨습니다. 마음을 쏟아붓지 않는 중얼거림, 기도하는 자신의 마음속에도 다가오지 않는 의미 없는 말의 나열들, 하나님의 면전에 엎드려 의식적으로 문장을 낭독하는 것 같은 미사여구들, 남이 자신의 기도에 귀를 기울여 주리라는 의식 속에서 늘어놓은 외식적인 기도,

간절함이 없는 형식에 매인 기도, 기도의 진지함이 없는 기도, 이 모든 것은 단지 중언부언하는 기도에 다름이 아닙니다.

오늘도 제자들과 떨어져서 기도하시는 우리 주 예수님의 모습을 보시기 바랍니다. 그분의 기도는 진지했고, 기도에 임하시는 그분의 태도는 간절했습니다. 제자들이 절박한 용건이 있어도 다가갈 수 없을 만큼 경외스러운 진지함이 있었습니다. 우리 모두 이 같은 기도의 진지함을 본받아야 할 것입니다. 왜냐하면 이 같은 간절한 진지함이 능력 있는 기도의 근본이기 때문입니다.

긴 시간 드리는 기도

본문은 또한 예수님께서 기도하신 시간적 길이에 대해서도 가르쳐 줍니다. 주님의 이 기도가 언제 시작되었는지 모르고 또 정확한 장소도 알 수 없지만, 저는 예수님의 이 기도가 상당히 긴 시간 동안 계속된 기도였다고 확신합니다.

제가 본문을 보면서 이 같은 추론을 한 데에는 두 가지 근거가 있습니다. 복음서에 나타난 주님의 기도의 기록 중 어떤 것들은 예수님의 기도 생활이 대단히 긴 시간의 기도 속에서 이어졌음을 암시하고 있습니다. 또 하나의 근거는 본절의 헬라어 본문에 있습니다.

예수님께서 기도하시고 그 기도를 마치셨을 때에, 한 제자가 드디어 예수님께 다가가서는 기도를 가르쳐 달라고 요청하였습니다. 우리말 성경은 그때의 상황을 '예수께서 한 곳에서 기도하시고 마치시매'라고 번역했습니다. 헬라어 성경을 보면 '마치시매'에 해당하는 원문은 **에파우사토**(ἐπαύσατο)라고 되어 있습니다. 이 말의 동사 원형 **파우오**(παύω)는 '안식하다.', '휴식을 취하다.'라는 뜻입니다.

이 말의 히브리어 동치어(同置語)가 **샤바트**(שָׁבַת)인데, 이 단어는 바로 하나님께서 엿새 동안의 창조 사역을 마치신 후의 상황을 기록할 때 사용된 단어입니다. "천지와 만물이 다 이루어지니라 하나님이 그가 하시던 일을 일곱째 날에 마치시니 그가 하시던 모든 일을 그치고 일곱째 날에 안식하시니라(וַיִּשְׁבֹּת)"(창 2:1-2).

따라서 우리말 성경의 '기도하시고 마치시매'는 마땅히 '기도하시고 안식하시매'라고 번역되어야 합니다. 이것은 예수님의 기도가 잠깐 드려진 짤막한 기도가 아니라, 상당히 긴 시간 동안 드려진 기도였음을 보여 줍니다. 기도를 마치자, 피곤함을 이기기 위해 안식을 취하셔야 할 정도였습니다. 이것은 수고로운 노동에서 오는 것과 같은 육체의 피로를 가져온 긴 기도였음을 보여 줍니다.

오래 드리는 기도의 능력

예수님의 기도는 장시간 하나님 앞에 무릎 꿇는 기도였습니다.

짧고 경박한 기도는 얕은 영성의 반영입니다. 힘없고 간단한 기도는 결코 우리 속에 능력을 가져다주지 않습니다. 급하게 대충 때우듯 드리는 기도는 우리의 영적인 삶을 가난한 데로 이끌어 갑니다.

여러분의 심령이 가장 크게 부흥하고 영혼이 아버지 안에서 자유로움을 누렸던 때의 기도 생활을 상기해 보십시오. 긴 시간 동안 기도를 드렸어도 그것은 우리에게 기쁨이었습니다.

깊은 기도 속에서 은밀한 평화가 우리를 감싸 주었습니다. 무릎을 꿇을 때마다 주님의 숨결을 느꼈고, 고개를 숙일 때마다 그분 가슴의 박동을 들었으며, 마음을 쏟아부을 때마다 눈물로 간구하는 내 영혼의 수면 위에 떨어지는 그분의 눈물을 보았습니다.

그때 우리는 예수님의 발 앞에 엎드리는 시간들이 기뻤습니다. 우리의 그런 모습을 통해 사람들은 예수 그리스도를 알게 되었고, 우리 역시 더 많은 시간을 잃어버린 영혼들을 위해 기도할 수 있었습니다.

능력 있는 기도, 이것은 우리 모두가 사모하는 것입니다.

한마디의 짧은 기도로도 역사를 바꾸어 놓은 믿음의 증인들이 있습니다. 여호수아는 이스라엘 백성들이 보는 데서 짤막한 기도로 기브온 위에 태양을 멎게 하였습니다. 한 번 손을 내미는 순종의 행동으로 모세는 홍해를 갈랐습니다. 예수님께서는 단 한마디의 짧은 기도로 죽어서 썩은 냄새가 나는 나사로를 살리셨습니다. 이루 헤아릴 수 없는 믿음의 증인들이 짤막한 기도로 성경의 역사에 남을 위대한 역사를 가져왔습니다.

그러나 능력 있는 짧은 기도는 일반적으로 오랫동안 깊은 기도 속에서 살아온 사람들의 기도에서 비롯되는 것입니다. 그리고 깊은 기도는 오랜 시간의 기도의 헌신이 기도하는 사람의 심령 속에 가져온 결과입니다.

이 오랜 기도는 우리의 심령이 하나님의 발 앞에 무릎을 꿇는 겸손함과 그분을 기뻐하는 사랑 속에서 가능해지는 것입니다. 기도를 소홀히 여기는 영적 삶, 그것은 하나님과의 관계를 하찮게 여기는 것입니다. 자꾸만 메말라 가는 기도는 우리의 삶 속에서 얄팍해져 가는 영성을 보여 주는 것입니다.

날이 갈수록 줄어들어서 우리의 생활의 한구석으로 밀려나 버린 기도 시간, 이것은 바로 우리의 마음에서 한구석으로 밀쳐진 하나님을 가리키는 것이 아니고 무엇이겠습니까?

기도로 사신 생애

우리의 기쁨이며 자랑이신 예수 그리스도, 세 해 남짓한 그분의 공생애를 생각해 보십시오. 주님의 생애는 땀의 생애였습니다. 눈물의 생애였습니다. 피의 생애였습니다.

특별히 그분의 지상 생애는 땀과 눈물로 얼룩진 기도의 생애였습니다. 하나님 아버지께서는 십자가에서 흘리시는 보혈을 받으시기 위하여 아들을 이 세상에 보내셨지만, 피 흘리도록 올리는 기도의 잔을 받으신 후에야 아들의 희생을 받으셨습니다.

잡히시던 날 밤, 우리 주님께서 겟세마네 동산에서 땀이 핏방울이 되도록 기도하신 그 기도가 공중전화를 거는 것처럼 짧고 간단한 기도였다고 믿는 사람은 아무도 없습니다. 그것은 밤새워 드려진 긴 기도였습니다. 심한 통곡과 눈물로 올려진 그 깊은 기도의 몸부림은 결코 짤막한 기도 속에서 이루어진 것이 아니었습니다.

그분은 하나님의 아들이셨습니다. 한 번도 아버지와 떨어져 본 적이 없는 분이셨습니다. 하나님께서는 항상 그분과 동행하셨고(요 8:29), 그분과 아버지는 하나이셨습니다(요 10:30). 그럼에도 불구하고 주님께서는 아버지의 뜻을 이루시기 위해 오랜 시간 하나님께 간절한 기도와 간구를 드리셨습니다.

우리 주님께서 사셨던 생애를 회상해 봅니다. 이 세상에 구주로서의 모습을 드러내시기 전에 밤낮 없는 40일의 기도가 굶주림과 함께 그분을 기다리고 있었습니다. 당신이 이미 부르신 사람들임에도 불구하고 그들을 제자로 세우시기 위해 홀로 나가사 기도로 밝히신 기도의 밤이 있었습니다(눅 6:12).

짧막한 그분의 기도 앞에 나사로를 사로잡았던 죽음의 세력이 도망가고, 한마디의 외침 앞에 풍랑이 잔잔해졌으며, 병자들이 나음을 입었지만, 그 짧은 기도 속에 엄청난 능력이 깃들게 한 놀라운 권세 뒤에는 홀로 아버지 앞에 드렸던 긴 기도의 희생이 있었습니다. 그분이 아버지께 드린 기도의 오랜 희생이 있었음을 기억하시기 바랍니다.

지금 우리 영혼의 상태가 간절한 기도를 필요로 하고 있지 않습니까? 우리의 가정과 교회는 어떻습니까? 우리가 섬기는 영혼들은 어떻습니까? 모든 문제를 기도 속에서 하나님께 구하지 아니함으로, 우리는 자기도 모르는 사이에 하나님의 도우심이 아니라 요행을 바라며 섬기고 있지는 않습니까?

하나님께서는 우리를 위해 모든 것을 다 행하셨지만, 이 기도의 희생만큼은 우리 스스로 짊어지도록 남겨 두셨습니다. 화려한 복음의 잔칫상에서 일어나 제자의 삶을 결단하십시오. 그리고 주님을 위해 기도의 희생을 드리겠다고 다짐하십시오.

수많은 프로그램과 매력적인 계획들이 교회의 미래를 채우고 있다 할지라도 기도하지 않는다면, 이 시간에도 그 모든 것들은 믿는 자를 삼키기 위하여 울부짖는 악한 영들의 세력으로부터 교회를 지킬 수 없을 것입니다.

어디서나 기도하심

셋째로 본문은 환경에 의해 방해받지 않으셨던 주님의 기도 생활에 대해 증거합니다. 주님의 이 기도가 언제 시작되었는지는 모르지만, 오늘 본문 속에서 그분의 기도 생활이 환경에 의해 방해받지 않는 견고한 것이었음을 알 수 있습니다.

예수님께서 어느 곳에서 기도하셨는지 정확히 알 수 없습니다. 그래서 오늘 본문도 예수님께서 기도하신 곳을 그저 '한 곳'이라고 기록하고 있습니다. 이 '한 곳'이라는 말을 헬라어 성경에서는 '어떤 곳'(τόπῳ τινί)이라고 적고 있습니다.

오늘 주님께서 기도하고 계신 장소는 아마 항상 고정해 놓고 기도하러 다니시는 특별한 기도 처소는 아니었던 것 같습니다. 성경학자들은 이 장소가 대체로 갈릴리 바다 북편 게네사렛과 가버나움 사이에 있는 어떤 산이었다고 추측들을 합니다.

만약 이 장소가 모든 사람들이 기도 처소로 익히 알고 있던 장소였거나 혹은 예수님께서 항상 기도하시던 곳이었다면, 성경은 '어떤 곳'(a certain place)이라는 표현 대신에 정관사를 써서 '그곳'(the place)이라고 적었을 것입니다.

환경에 흔들리지 않는 기도

복음서를 보면서 우리는 예수님의 공생애에 대해 한 가지 분명한 인상을 받게 됩니다. 그것은 주님께서 매우 바빠 여러 곳을 다니시면서 천국 복음을 전하셨다는 사실입니다.

마가는 자신이 쓴 복음서 첫 장에서 예수님께서 병든 사람들을 고쳐 주신 후 많은 사람들이 뒤따랐지만 예수님께서 그들을 물리치시고 다른 장소로 가신 장면을 전해 주고 있습니다. "……모든 사람이 주를 찾나이다 이르시되 우리가 다른 가까운 마을들로 가자 거기서도 전도하리니 내가 이를 위하여 왔노라 하시고 이에 온 갈릴리에 다니시며 그들의 여러 회당에서 전도하시고 또 귀신들을 내쫓으시더라"(막 1:37-39).

누가복음 4장은 복음 전파를 위해 한 곳에 머물 겨를이 없으셨던 우리 주님의 삶을 잘 말해 줍니다. "……무리가 찾다가 만나서 자기들에게서 떠나시지 못하게 만류하려 하매 예수께서 이르시되 내가 다른 동네들에서도 하나님의 나라 복음을 전하여야 하리니 나는 이 일을 위해 보내심을 받았노라 하시고"(눅 4:42-43).

우리 주님의 생애는 잃어버린 백성들에게 복음을 전하시기 위해 스스로 나그네와 같기를 자처하신 삶이었습니다. 예수님 자신의 고백처럼 그분의 생애는 참으로 머리 둘 곳이 없는 생애였습니다(마 8:20). 여우도 거처할 굴이 있고 새도 해가 지면 깃들 곳이 있는데, 인자이신 그분의 생애는 머리조차 둘 곳 없는 외로운 생애였고 떠다니시는 여정이었습니다.

그러나 그분의 복음 전하시는 동리가 항상 바뀌고 그분의 거처하시는 처소는 늘 변해도, 한 가지 변하지 않는 생활이 있었습니다. 그것은 변함없는 기도 생활이었습니다.

영혼들을 섬기기 위해 늘 떠돌아다니셔야 했습니다. 그러나 어느 곳을 가시든지, 또 어떠한 어려움에 마주하시든지, 어떤 사람들과 함께 계시든지 주님의 기도 생활은 환경에 방해받지 않고 견고히 서 있었습니다.

보십시오. 성경은 그분이 어떤 환경에 계시든지 기도에 헌신하셨음을 보여 줍니다.

누가복음 6장 12절은 주님께서 기도하신 곳이 '산'이라고 합니다.
마태복음 26장 30절은 그곳이 '감람산'이었다고 전해 줍니다.
누가복음 3장 21절은 '요단강'이었다고 증거합니다.
마가복음 1장 35절은 '한적한 곳'이었다고 가르쳐 줍니다.
마가복음 9장 2절은 '변화산'이었다고 기록하고 있습니다.

힘 다해 섬기신 생애

이것이 우리들에게 무엇을 가르쳐 줍니까? 우리의 모범이신 예수님, 그분의 생애는 땀과 수고로 얼룩진 섬김과 희생의 생애였습니다. 그분이 처하셨던 환경은 결코 기도하기에 적합한 환경이 아니었습니다. 우리 예수님의 생애는 아름다운 자연 속에 묻혀 한가로이 수도하는 수도자적인 생애가 아니었습니다.

잃어버린 영혼들, 하나님을 등진 패역한 인생들을 향한 연민으로 눈물을 머금으신 채 이 동네 저 동네를 다니시며 많은 노동과 수고로운 섬김으로써 희생을 마다치 않으신 생애였습니다.

그분의 가슴 속은 항상 잃어버린 양떼들의 구원에 대한 열정으로 가득 차 있었고, 이 열정 때문에 그분은 유대와 사마리아와 갈릴리를 두루 돌아다니는 정처 없는 나그네의 삶에 직면하셔야 했습니다. 어디를 가시든지 그곳에는 주님의 치료의 손길을 기다리는 병자들이 줄을 이었고, 그분의 말씀을 들으려는 인파로 가득했습니다. 또한 예수님 곁에는 언제나 뭔가 여쭈어 보고자 하거나 그 외 다른 용건을 가진 제자들이 기다리고 있었습니다.

그럼에도 불구하고 주님께서는 기도하고 계십니다. 그 어느 누구도, 그 어떤 환경도 넘볼 수 없는 고요 속에서 기도하셨고, 그 기도의 시간 속에서 하나님 아버지를 뵙고 계셨습니다. 오늘 무릎 꿇고 계신 이곳은 어제의 그 장소가 아니었을 것입니다. 그러나 이 모든 것에도 불구하고 우리 주님께서는 아버지를 섬기셨고, 영혼들을 위해 수고하셨으며, 이 수고와 섬김이 계속되는 한 그분은 기도하셨습니다.

기도하기 힘들 때

여러분이 기도하기에 너무 어려운 환경에 놓여 있다고 생각된다면, 우리보다 더 고단하게 힘 다해 섬기며 사셨던 주님을 바라보십시오.

주님께서도 우리처럼 질그릇과 같이 연약한 육체에 싸여 있던 분이셨습니다. 사마리아를 지나실 때 우리 주님께서는 행로에 너무나 곤하여 우물가에 주저앉으셔야 했습니다. 길을 가시다 허기진 배를 채우기 위하여 무화과나무의 열매라도 구하셔야 했고, 십자가에서 보혈을 흘리실 때는 원수들에게 목마름을 고백하지 않을 수 없는 연약함을 지닌 사람의 아들이셨습니다.

그럼에도 불구하고 견고히 서 있는 우리 주님의 기도 생활을 주목하십시오. 이 모든 어려움 속에서도 기도하시는 주님을 바라보시기 바랍니다. 아마 이 기도 가운데서는 우리를 위한 중보의 기도까지 드려지고 있었을 것입니다.

우리는 여기서 마음으로부터 자연스러운 질문이 떠오르는 것을 누를 수 없습니다. 우리 곁에 계시면 여쭤보고 싶은 질문이 있습니다. "주님, 그처럼 연약하신 육체로 어떻게 그처럼 견고한 기도 생활을 계속하실 수 있었나요?"

우리와 같은 인성을 가지신 예수님, 우리처럼 질그릇과 같이 연약한 육체에 둘러싸여 계셔야 했던 우리 주님으로 하여금 이처럼 기도하기 어려운 환경의 벽과 육체의 담장을 넘어 견고히 기도 생활을 이어 가게 했던 것은 무엇이었을까요?

그것은 주님의 생활이 여유 있어서가 아니었습니다. 주님의 육체가 우리보다 강하셨기 때문이 아니었습니다. 주님을 둘러싸고 있던 환경이 우리의 그것보다 평화스러웠기 때문도 아니었습니다. 그것은 오직 하늘에 계신 아버지를 영화롭게 하시고자 하는 불붙는 열망이 그분의 가슴 속에 있었기 때문입니다.

그리스도의 생애는 이 일을 위한 생애였습니다.

사랑과 믿음으로

하나님 아버지를 향한 사랑, 살든지 죽든지 그분이 존귀히 여김받으시기를 바라는 믿음, 지금은 버려진 세상에서 업신여김을 받는 하나님의 이름이 후에는 높이 들려 거룩히 여김을 받으시는 영광의 자리에 오르시기를 바라는 소망이 이러한 기도의 희생을 가능하게 하였습니다.

그래서 주님께서는 오늘 기도를 가르쳐 달라는 제자들의 요청에 따라, 우리 모두가 첫 번째로 기도해야 될 제목으로서 "하늘에 계신 우리 아버지여, 이름이 거룩히 여김을 받으시오며"를 일러 주셨습니다.

하나님께서는 자신의 영광을 위해 우리를 이 땅에 나게 하셨습니다. 우리 주 예수 그리스도, 그분은 하나님의 자녀 된 우리 가운데 아버지의 이름이 거룩히 여김을 받게 되시기를 바라며 우리를 십자가의 형벌로 구원하셨습니다.

하나님을 향한 사랑, 그분의 이름이 거룩히 여김을 받고 그분이 영광받으시기를 바라는 믿음은 우리로 하여금 그분의 얼굴을 구하게 합니다. 하나님의 발 앞에 엎드리는 기도의 시간으로 우리를 이끌어 갑니다.

하나님을 향한 이 사랑과 믿음은 도전해 오는 환경의 위협으로부터 그 닻줄을 끊고 더 깊은 기도로 나아가게 합니다. 우리로 하여금 견고한 기도 생활에 서지 못하게 하는 것은 결코 환경의 어려움으로부터 시작되는 것이 아니라, 우리의 마음속에서 식어진 사랑과 믿음으로부터 시작됩니다.

우리의 기도 생활이 끊어지기 이전에 우리의 마음이 그분을 향한 사랑에서 식어지는 일이 먼저 있었습니다. 우리의 기도 생활이 그분을 만나는 뜨거운 감격을 잃어버리고 차가운 형식으로 떨어지기 전에 우리 속에서 그분이 영광받으시기를 사모하는 소망 대신에 다른 것들에 대한 사랑이 자리를 차지하는 일이 먼저 있었습니다.

주님의 도우심을 기대하라

눈을 들어 주님을 보십시오. 환경의 위협과 육체의 곤고함을 딛고 아버지께 간구하시는 예수님의 기도의 모습을 주목해 보십시오. 그분의 간구는 원수들에게 체포되는 순간까지 계속되었고, 그분의 중보 기도는 보혈로 십자가를 적시면서까지 계속되었습니다. 지금도 당신을 둘러쌌던 것과 같은 육체의 연약함과 환경의 어려움에 허덕이며 기도 생활에 실패하는 우리들을 위해 간구하고 계십니다.

기도 생활을 위협해 오는 그 모든 위협과 유혹을 그분도 겪으셨습니다. 견고한 기도 생활에 서지 못하도록 방해하는 환경의 어려움을 그분도 맛보셨습니다. 실로 이 사실은 우리에게 위로가 됩니다.

왜냐하면 그분이 같은 어려움 속에서 실패하는 우리들을 도와주실 것이기 때문입니다. 그래서 히브리서 기자는 승리의 확신으로 가득 찬 음성으로 말합니다. "그가 시험을 받아 고난을 당하셨은즉 시험받는 자들을 능히 도우실 수 있느니라"(히 2:18).

주님께서 도우실 것을 기대하면서, 우리는 우리의 마음을 하나님께로 향하는 자들이 되어야겠습니다. 이 시간도 주님께서는 말씀하십니다. "나도

이 기도 생활을 견고히 이어 가기 위해서 많은 어려움과 싸워야 했단다." 이 음성 앞에 당신은 어떻게 반응하시겠습니까?

감화력 있는 기도

넷째로, 본문은 주님의 기도 생활이 제자들이 배우고 싶어할 만큼 감화력이 있는 것이었음을 증거합니다. 예수님의 제자들은 주님으로부터 기도를 배우기 원했습니다. 주님께서 가르쳐 주시는 것을 통해 기도 생활에 도움을 얻고자 하는 마음이 간절했습니다.

오늘 예수님께 기도를 가르쳐 달라고 어린아이처럼 나아온 이 제자들은 주님께로부터 '모든 귀신을 제어하며 병을 고치는 능력과 권위'를 받았던 사람들이었고(눅 9:1), 그들이 돌보던 70인의 전도인들이 예수님의 이름으로 귀신들을 항복시키는 장면을 목격했던 사람들이었습니다(눅 10:17).

이러한 능력과 권위와 증거에도 불구하고 그들은 지금 예수님의 발 앞에 나아와 더 많이 기도에 대해 배우기를 원하고 있습니다. "주여, 우리에게도 기도를 가르쳐 주옵소서."

기도를 가르쳐 달라고 주님께 나아오는 제자들의 모습 속에서 우리는 예수님의 기도 생활이 얼마나 큰 감화력을 지닌 것이었는지를 보게 됩니다. 분명히 주님의 기도는 그분의 기도를 지켜보던 사람들에게, 찾아가 배우고 싶은 간절한 바람을 불러일으키는 감화력이 있었습니다.

이 같은 감화력은 예수님께서 몸소 많은 시간과 간절한 열정으로 하나님께 나아가는 헌신적인 기도의 실천이 있었기 때문이었습니다. 주님의 기도 생활은 신학적 이론으로 잘 정립된 이론의 뭉치들이 아니라 기도하는 삶의 실천이었습니다.

실천하는 기도의 삶

오늘 이 제자들은 기도에 관한 주님의 이론에 감화를 받은 것이 아니라 지금 기도하고 계시는 주님의 실천에 감화를 받았습니다. 헌신적인 기도의 사람을 통하여 그렇게 기도하는 제자들이 나옵니다.

예수님께서는 하나님께 드리는 기도가 진지해야 함을 아셨습니다. 예수님께서는 능력 있는 기도의 비밀이 장시간의 기도에 있음을 믿으셨습니다. 예수님께서는 환경에 의해 방해받지 않는 견고한 기도의 세계를 갖기 원하셨습니다.

그러나 오늘 그분의 기도를 이처럼 감화력 있게 만든 것은 단지 지식이 아니었습니다. 확신이 아니었습니다. 소망도 아니었습니다. 무엇보다도 주님의 기도를 이토록 감화력 있게 만든 것은 그분이 몸소 실천하신 기도의 삶이었습니다. 오늘도 하나님께서는 입술의 사람이 아니라 무릎의 사람에게 감화력을 더해 주십니다.

19세기 영국 교회는 이 같은 기도의 비밀에 대해 증인을 갖고 있습니다. 로버트 맥체인(Robert McCheyne)이라는 그리스도인이 바로 그 사람입니다. 그는 29세라는 꽃다운 나이에 하나님 곁으로 간 영국의 설교자였습니다.

맥체인이 그가 목회하던 교회에서 예배 설교를 위해 단상에 섰을 때, 말씀을 증거하기도 전에 교인들은 하나님 앞에서 자신들의 죄인 됨을 깨닫고 회개하기 시작하곤 했다고 합니다. 교인들은 "그분이 설교하기 위해 단상에 올랐을 때 우리는 그분의 얼굴이 빛나는 것을 볼 수 있었습니다."라고 말합니다.

그의 삶 속에서 떨어질 수 없을 정도로 긴밀히 연결되어 그를 기도의 사람으로 만들었던 기도의 실천이 그로 하여금 방금 거룩하신 하나님과 대면하고 나온 사람처럼 보이게 만들어 주었던 것입니다.

오늘날 우리들은 성경을 통해서, 공과 공부를 통해서, 책을 통해서, 토론을 통해서 기도에 관한 많은 것들을 듣고 배우고 이해하고 있습니다. 그러나 무엇보다 중요한 것은 기도에 관해서 아는 것에 헌신하는 것이 아니라 몸소 무릎으로 기도를 실천하는 행함입니다. 결단을 하고 하나님 앞에 헌신된 기도의 사람이 되는 것입니다.

주님께서 오늘도 찾고 계신 사람은 단지 기도에 관한 지식으로 가득 찬 머리의 사람이 아닙니다. 기도에 대한 이론으로 능숙하게 된 입술의 사람이 아닙니다. 하나님께서 찾으시는 사람은 스스로 기도를 실천하는 무릎의 사람입니다.

능력을 유지하는 비결

누가복음 9장은 이 문제에 대해 더할 나위 없이 값진 도전을 안겨 주고 있습니다. 거기서 예수님께서는 열두 제자를 불러 세상으로 파송하시기 전에 그들에게 능력과 권위와 말씀을 주십니다. "예수께서 열두 제자를 불러 모으사 모든 귀신을 제어하며 병을 고치는 능력과 권위를 주시고 하나님의 나라를 전파하며 앓는 자를 고치게 하려고 내보내시며"(눅 9:1-2).

예수님께서는 열두 제자에게 모든 귀신을 제어할 수 있는 능력을 주셨습니다. 그러나 얼마 후 예수님께서 기도하시기 위해 변화산에서 밤을 지내실 때의 일이었습니다. 산 아래서는 뜻밖의 일이 벌어지고 있었습니다. 한 사람이 귀신 들린 아들을 고쳐 달라고 데려왔고 제자들은 그 일을 할 수 없었습니다. 주님께서 모든 귀신을 제어할 권위를 주셨는데도 제자들은 아무것도 할 수 없었습니다.

이튿날 산에서 내려오신 예수님께서는 한마디의 분부로 이 불쌍한 아들을 사로잡았던 귀신을 내쫓으셨습니다. 이때 사람들은 흩어지면서 고개를 갸우뚱거리며 이상하다는 눈초리로 제자들을 쳐다보았을 것입니다.

그래서 현장 상황이 다 끝나고 예수님께서 어느 집에 들어가셨을 때 제자들은 예수님께 다가가 슬며시 여쭤보았습니다. "집에 들어가시매 제자들이 조용히 묻자오되 우리는 어찌하여 능히 그 귀신을 쫓아내지 못하였나이까"(막 9: 28).

큰 의문을 갖고 물어 오는 제자들의 질문에 예수님께서는 간단히 답해 주십니다. "……기도 외에 다른 것으로는 이런 종류가 나갈 수 없느니라……"(막 9:29).

'기도 외에 다른 것으로는 이런 귀신들을 나가게 할 수 없느니라.'라는 것이었습니다. 예수님께서 실천하시는 기도 생활은 사람들에게만 감화를 끼친 것이 아니라, 영적인 세력들까지 압제하는 영력을 가져다주었습니다.

제자들이 손쓸 수 없었던 악한 귀신을 한마디의 분부로 쫓아내실 수 있었던 영적 능력은 예수님께서 제자들을 능가하는 기도의 이론가였기 때문에 주어진 것이 아니었습니다. 흉악한 귀신이 주님의 분부 앞에 굴복하고 도망간 것은 그분의 고상한 논리 때문이 아니었습니다.

기도의 실천 때문이었습니다. 주님께서 몸소 기도의 사람이셨기 때문입니다.

기도의 바다에서

기도는 일종의 바다입니다. 기도의 드넓은 바다에서 하나님을 체험하십시오. 성경을 아는 지식은 우리에게 그분을 알게 하지만, 기도는 우리로 하여금 그분의 인격을 경험하게 합니다. 성경 말씀은 우리에게 그분의 인격을 가르쳐 주지만, 기도는 말씀 속에서 그분의 향취를 맛보게 합니다.

내 주님 입으신 귀한 옷
나 만져 보았네.
내 발이 죄악에 빠질 때
주 나를 붙드네.

하나님께서는 우리가 언제까지나 풀밭에서 소꿉장난이나 하는 어린아이와 같은 신앙에 머물기를 원하지 않으십니다. 오히려 기도의 바다 한가운데로 나아오기를 원하십니다. 그 바다를 항진하며 세상의 거친 폭풍을 명하여 잔잔하게 하기를 원하십니다. 기도의 믿음으로 환경을 바꾸며 우리의 영혼과 교회를 얽맨 죄악의 쇠사슬을 끊고 장엄한 항해를 하기 원하십니다.

기도의 바다에 몸을 던질 때 우리는 남들이 듣지 못하는 하나님의 음성을 듣고 안전한 포구에 이르는 항로로 전진하게 됩니다. 지금이야말로 우리를 얽어매고 있는 죄악 된 습관들과 불경건한 습속들, 나태하고 안일한 삶의 닻줄을 끊고 기도의 바다로 나아가야 할 때입니다.

오늘도 제자들과 떨어져 홀로 기도하시는 예수님의 모습을 보십시오. 그분의 기도 세계는 단지 기도에 대한 지식과 이론과 노력의 메마른 건조물이 아니었습니다.

그분이 몸소 기도하심으로 그분의 가르침은 생명의 불길이 넘쳤고, 그분이 몸소 기도하심으로 사람들은 그분을 통해 하나님의 따스한 사랑을 볼 수 있었으며, 그분이 몸소 기도하심으로 사람들은 그분의 선포 속에서 하나님의 진노와 눈물을 느낄 수 있었습니다. 복음서 속에서 능력을 행하시는 주님을 찾아보십시오. 그 앞에서 반드시 기도를 실천하시는 주님을 뵈올 수 있을 것입니다.

맺는 말

지금 우리들의 영적 상태와 공동체는 말에 익숙한 입술의 사람들이 아니라, 은밀한 곳에서 지체의 짐을 지고 기도하는 무릎의 사람들을 필요로 합니다.

기도하기를 마치시고 안식하시는 예수님께 기도를 가르쳐 달라고 어린아이처럼 다가가던 제자들의 겸손함과 간절함이 필요한 때입니다. 기도에 있어서 예수님의 제자가 되기를 결단해야 할 때입니다.

"너는 기도를 실천하라."

이것이 오늘 본문이 주는 도전입니다.

"사랑하는 자들아
만일 우리 마음이 우리를 책망할 것이 없으면
하나님 앞에서 담대함을 얻고 무엇이든지 구하는 바를 그에게서 받나니
이는 우리가 그의 계명을 지키고 그 앞에서 기뻐하시는 것을 행함이라
그의 계명은 이것이니
곧 그 아들 예수 그리스도의 이름을 믿고
그가 우리에게 주신 계명대로 서로 사랑할 것이니라
그의 계명을 지키는 자는 주 안에 거하고 주는 그의 안에 거하시나니
우리에게 주신 성령으로 말미암아
그가 우리 안에 거하시는 줄을 우리가 아느니라"

요한일서 3장 21-24절

사명선언문

너희가 흠이 없고 순전하여……세상에서 그들 가운데 빛들로
나타내며 생명의 말씀을 밝혀 _ 빌 2:15-16

1. 생명을 담겠습니다
만드는 책에 주님 주신 생명을 담겠습니다.
그 책으로 복음을 선포하겠습니다.

2. 말씀을 밝히겠습니다
생명의 근본은 말씀입니다.
말씀을 밝혀 성도와 교회의 성장을 돕겠습니다.

3. 빛이 되겠습니다
시대와 영혼의 어두움을 밝혀 주님 앞으로 이끄는
빛이 되는 책을 만들겠습니다.

4. 순전히 행하겠습니다
책을 만들고 전하는 일과 경영하는 일에 부끄러움이 없는
정직함으로 행하겠습니다.

5. 끝까지 전파하겠습니다
모든 사람에게, 땅 끝까지, 주님 오시는 그날까지
복음을 전하는 사명을 다하겠습니다.

서점 안내

광화문점 서울시 종로구 새문안로 69 구세군회관 1층
02)737-2288 / 02)737-4623(F)

강남점 서울시 서초구 신반포로 177 반포쇼핑타운 3동 2층
02)595-1211 / 02)595-3549(F)

구로점 서울시 동작구 시흥대로 602, 3층 302호
02)858-8744 / 02)838-0653(F)

노원점 서울시 노원구 동일로 1366 삼봉빌딩 지하 1층
02)938-7979 / 02)3391-6169(F)

분당점 경기도 성남시 분당구 황새울로 315 대현빌딩 3층
031)707-5566 / 031)707-4999(F)

일산점 경기도 고양시 일산서구 중앙로 1391 레이크타운 지하 1층
031)916-8787 / 031)916-8788(F)

의정부점 경기도 의정부시 청사로47번길 12 성산타워 3층
031)845-0400 / 031)852-6930(F)

인터넷서점 www.lifebook.co.kr

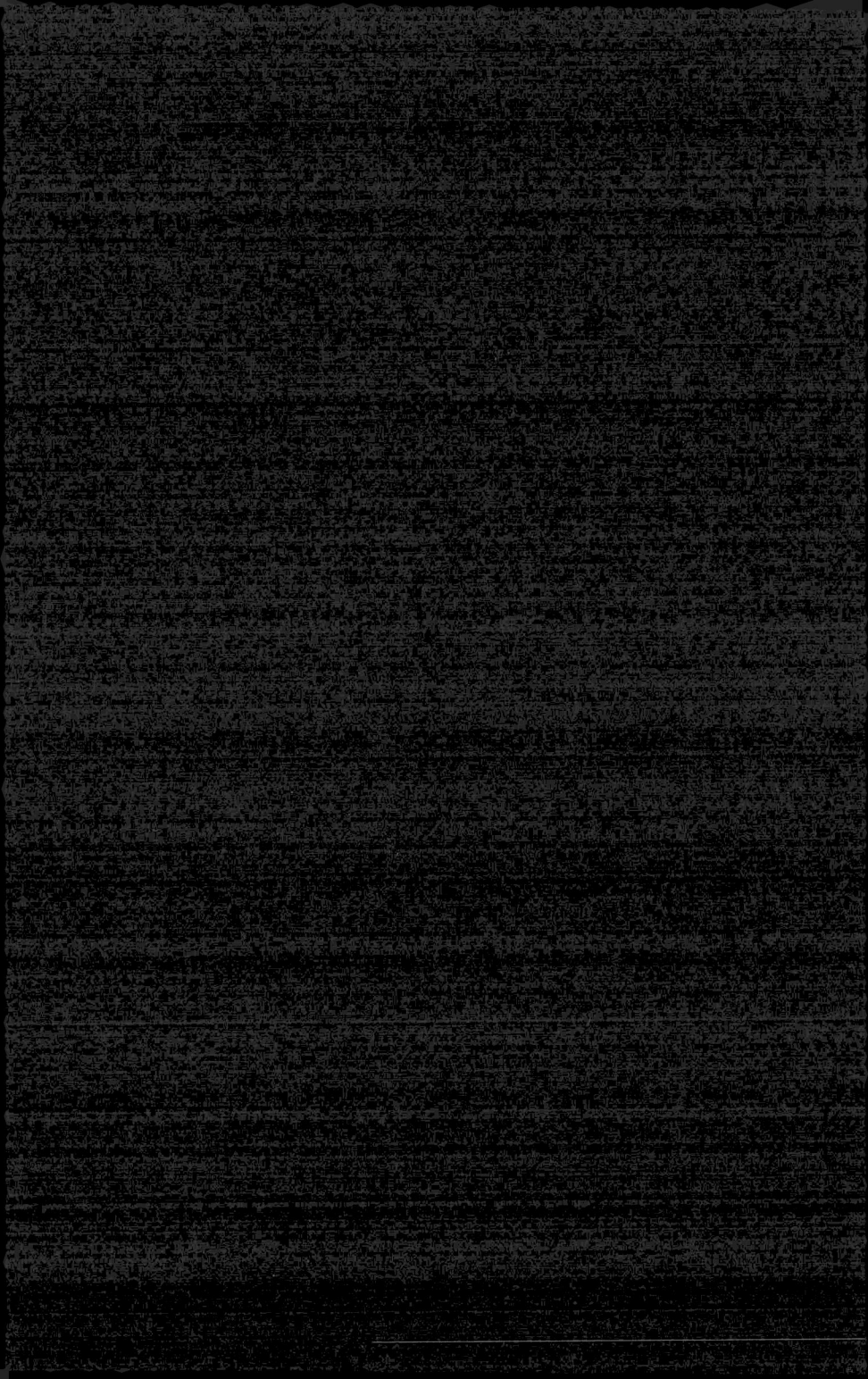